벨라디아의 펠트 케이크

벨라디아의 펠트 케이크

초판 인쇄일 2017년 3월 10일
초판 발행일 2017년 3월 17일

지은이 하정희
발행인 박정모
등록번호 제9-295호
발행처 도서출판 혜지원
주소 (10881) 경기도 파주시 회동길 445-4(문발동 638) 302호
전화 031) 955-9221~5 **팩스** 031) 955-9220
홈페이지 www.hyejiwon.co.kr

기획·진행 최광진
디자인 김희진
영업마케팅 김남권, 황대일, 서지영
ISBN 978-89-8379-925-8
정가 15,000원

Copyright ⓒ 2017 by 하정희 All rights reserved.

No Part of this book may be reproduced or transmitted in any form,
by any means without the prior written permission on the publisher.

이 책은 저작권법에 의해 보호를 받는 저작물이므로 어떠한 형태의 무단 전재나 복제도 금합니다.
본문 중에 인용한 제품명은 각 개발사의 등록상표이며, 특허법과 저작권법 등에 의해 보호를 받고 있습니다.

이 도서의 국립중앙도서관 출판시도서목록(CIP)은 서지정보유통지원시스템 홈페이지(http://seoji.nl.go.kr)와 국가자료공동목록시스템(http://www.nl.go.kr/kolisnet)에서 이용하실 수 있습니다.(CIP제어번호 : CIP2017002988)

작고 예쁜
미니어처 만들기
DIY

벨라디아의 펠트 케이크

혜지원

머리말

제 모든 작업의 시발점은 아이에게 있어요. 태교를 위해 펠트공예를 시작했었는데 사실 이때 바느질을 처음 시작했어요. 어떤 바늘을 써야 되는지, 또 어떤 원단을 사용해야 되는지, 아무런 지식도 없던 초보 중에 초보였죠. 그래서 인터넷을 찾아보며 혼자서 고군분투했던 기억이 새록새록 하네요. 서투른 바느질로 아이에게 줄 인형이나 모빌, 딸랑이 등을 만들기 시작했고, 아이가 성장할 때마다 그때그때 필요한 교구를 펠트로 만들었어요. 그런 작업이 하나하나 쌓여서 지금은 펠트로 로봇까지 만들게 되었지요. 돌이켜보면 아이가 성장해 가는 만큼 제 작업 또한 같이 성장하고 있었던 거예요.

제게 있어 펠트란, 제가 알지 못했던 자신의 모습을 들여다 볼 수 있게 해준 유일한 매개체였던 것 같아요. 사실 지금도 제가 바늘을 잡고 바느질을 한다는 것이 신기하게만 느껴져요. 어릴 적부터 딱히 꿈이라곤 없던 제가 10년이 넘도록 바느질을 하게 될 것이라곤 정말 상상도 못했던 일이였죠. 태교를 위해 처음 시작했던 펠트가 이제는 제 인생에 있어서 빠질 수 없는 특별한 일이 되었어요.

'나는 바느질을 잘 못해서…'라며 망설이는 분들을 주변에서 자주 뵙게 돼요. 누구에게나 처음이란 서툴고 망설여지기 마련이죠. 잘할 자신은 없지만 좋아하고 즐길 수 있다면 한 번 시작해보세요. 시도도 해보지 않고 포기하는 것 보다는 실패하더라도 용기를 내서 도전해보는 것이 더 중요하다고 생각해요.

이 책은 최소한의 바느질만으로 멋지고 예쁜 작품을 만들 수 있어 처음 시작하시는 분이라도 어렵지 않게 따라하실 수 있어요. 이 책을 통해서 만드는 기쁨을 함께 느낄 수 있으면 좋겠어요.

마지막으로, 제 곁에서 늘 조언과 격려를 아끼지 않은 가족과 부모님이 있어 큰 힘이 되었다는 말을 전하고 싶어요. 항상 사랑하고 또 감사해요.

저자 하정희

GALLERY

PART 1
펠트 케이크를 만들기 위한 데커레이션

01 통딸기
02 슬라이스 딸기
03 블루베리 & 라즈베리
04 키위
05 바나나

06 오렌지 & 레몬
07 슬라이스 사과
08 메론 껍질
09 슬라이스 메론
10 귤

11 체리
(하나의 체리, 두 개의 체리)
12 청포도 알
13 단호박
14 통 아몬드
15 슬라이스 아몬드

16 커피빈
17 초콜릿 스틱
18 장식용 나뭇잎 I, II
19 기본 생크림
20 미니 생크림

21 길쭉한 생크림
22 동그란 생크림
23 쉘 생크림
24 초콜릿 장식
25 장식용 스티커

PART 2
작고 귀여운 미니어처 펠트 케이크

01 애플 라즈베리 케이크

02 체리 딸기 케이크

03 모카 케이크

04 레몬 케이크

05 크림 크렌베리 케이크 &
크림 블루베리 케이크

06 딸기 무스 케이크

07 초코 무스 케이크

08 아몬드 케이크

09 메론 케이크

PART 3
한 입 베어 먹고픈 조각 케이크

01 녹차 조각 케이크

02 라즈베리 & 블루베리 조각 케이크

03 아몬드 조각 케이크

04 초콜릿 조각 케이크

05 커피 조각 케이크

06 치즈 조각 케이크

07 체리 조각 케이크

PART 4
예쁜 디저트 타르트

01 사과 타르트

02 스트롤베리 체리 타르트

03 청포도 타르트

04 키위 타르트

05 라즈베리 타르트 & 블루베리 타르트

06 레몬 타르트 & 오렌지 타르트

07 귤 타르트

08 딸기 타르트

09 과일 타르트

PART 5
폭신폭신 부드럽고 향긋한 머핀

01 블루베리 & 라즈베리 머핀

02 아몬드 머핀

03 커피 머핀

04 바나나 머핀

05 스트로베리 머핀

06 단호박 머핀

07 초콜릿 스틱 머핀

CONTENTS

INTRO (만들기 전에 알아야 할 것들) 20

* 재료 종류 20
* 기본 바느질법 23

PART 01 펠트 케이크를 만들기 위한 데커레이션 28

01 통 딸기 30
02 슬라이스 딸기 33
03 블루베리 & 라즈베리 36
04 키위 39
05 바나나 42
06 오렌지 & 레몬 44
07 슬라이스 사과 46
08 메론 껍질 48
09 슬라이스 메론 50
10 귤 52
11 체리(하나의 체리, 두 개의 체리) 54
12 청포도 알 57
13 단호박 59
14 통 아몬드 61
15 슬라이스 아몬드 64

16 커피빈　66

17 초콜릿 스틱　68

18 장식용 나뭇잎(장식용 나뭇잎Ⅰ, 장식용 나뭇잎Ⅱ)　71

19 기본 생크림　74

20 미니 생크림　77

21 길쭉한 생크림　79

22 동그란 생크림　82

23 쉘 생크림　85

24 초콜릿 장식　88

25 장식용 스티커　90

PART 02 작고 귀여운 미니어처 펠트 케이크　92

펠트 케이크 틀 만들기 ①, ②　94

01 애플 라즈베리 케이크　98

02 체리 딸기 케이크　101

03 모카 케이크　104

04 레몬 케이크　107

05 크림 크렌베리 케이크 & 크림 블루베리 케이크　110

06 딸기 무스 케이크　114

07 초코 무스 케이크　117

08 아몬드 케이크　120

09 메론 케이크　123

17

PART 03 한 입 베어 먹고픈 조각 케이크 126

조각 케이크 틀 만들기 128
01 녹차 조각 케이크 131
02 라즈베리 & 블루베리 조각 케이크 134
03 아몬드 조각 케이크 137
04 초콜릿 조각 케이크 140
05 커피 조각 케이크 142
06 치즈 조각 케이크 144
07 체리 조각 케이크 147

PART 04 예쁜 디저트 타르트 150

타르트 틀 만들기 152
01 사과 타르트 155
02 스트로베리 체리 타르트 158
03 청포도 타르트 160
04 키위 타르트 162
05 라즈베리 타르트 & 블루베리 타르트 164

06 레몬 타르트 & 오렌지 타르트　166

07 귤 타르트　168

08 딸기 타르트　170

09 과일 타르트　172

PART 05 폭신폭신 부드럽고 향긋한 머핀　176

머핀 염색하기 & 머핀 틀 만들기　178

01 블루베리 & 라즈베리 머핀　186

02 아몬드 머핀　188

03 커피 머핀　190

04 바나나 머핀　192

05 스트로베리 머핀　194

06 단호박 머핀　196

07 초콜릿 스틱 머핀　198

도안 모음　200

INTRO (만들기 전에 알아야 할 것들)

◎ 재료 종류

펠트지

하드펠트(유수지) 1.2mm 두께의 뻣뻣한 느낌이 나는 펠트지로 소프트펠트지에 비해 모양을 잡기가 쉬워 아이들 교구나 생활소품 등을 만들 때 많이 사용합니다.

소프트펠트(무수지) 부드럽고 촉감이 좋아 인형을 만들 때 사용하면 좋은 펠트지이며, 접었다 펼쳐도 주름이 잘 생기지 않는 장점이 있습니다.

2mm 펠트 두께 2mm의 펠트지로 하드펠트지에 비해 부드럽고 고급스러운 느낌을 연출하기 좋으며, 단색과 멜란지 색상이 있습니다.

3mm 펠트 두께 3mm의 펠트지로 부드럽고 탄력이 좋아 가방이나 슬리퍼 등의 생활소품을 만들 때 사용하면 좋습니다.

펠트지의 두께 비교
빨간색 하드 펠트지를 기준으로 윗부분은 3mm, 아랫부분은 2mm 펠트지입니다.

소프트펠트지
접었다 펼쳐도 구김이나 주름이 잘 생기지 않습니다.

바느질 도구

바늘	펠트에 사용하는 바늘은 보통 바늘귀가 조금 큰 펠트 바늘과 퀼트 바늘을 주로 사용합니다.
실	펠트 전용 실은 일반실에 비해 두께감이 있으며 펠트 색상에 맞춰 다양한 컬러를 사용합니다.
투명사(필라멘트사)	투명한 실로 일반적으로 낚싯줄과 비슷하지만 조금 더 부드러워서 사용이 편리합니다.
초키가위	펠트원단을 재단할 때 주로 사용하는 가위로 두꺼운 3mm 펠트지도 쉽고 깔끔하게 재단되며 나뭇잎 등 섬세한 작업에도 사용할 수 있습니다.
겸자	인형이나 소품을 만들 때 원단을 뒤집거나 솜을 넣을 때 사용합니다. 다양한 길이의 겸자가 있습니다.

만들기 도구

기화성펜	원단에 도안을 본 뜰 때 사용하는 펜으로 시간이 지나면 자연스럽게 사라집니다.
수성펜	원단에 도안을 본 뜰 때 사용하는 펜으로 완성 후 물을 뿌리면 지워집니다.
아이섀도	케이크의 구운 느낌이나 딸기의 속을 표현하기 위해 사용합니다.
브러시	아이섀도를 원단에 바를 때 사용합니다.
OHP 필름	투명한 코팅필름지로 글루건으로 작업할 때와 케이크를 감쌀 때 사용합니다.

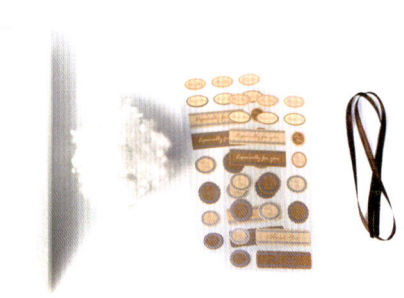

스펀지	케이크의 속을 채울 때 사용합니다.
방울솜	방울져 있는 솜으로 뭉치지 않고 숨이 덜 죽어 작은 소품을 만들 때 사용하면 좋습니다.
스티커	케이크의 윗면에 장식으로 사용합니다.
리본	케이크를 장식할 때 사용합니다.

접착도구

순간접착제	10~30초 내에 순간적으로 붙게 하는 합성수지 접착제입니다.
글루스틱	열가소성 플라스틱 접착제로 목재, 금속, 천 등 가벼운 물체를 접착할 수 있습니다. 흰색 글루스틱은 열을 가하면 투명해지며, 색이 들어가 있는 컬러 글루스틱도 있습니다.
글루건	글루스틱을 녹여서 접착제로 사용할 수 있는 도구입니다.

※ 글루건 사용 시 화상에 주의하세요.

기본 바느질법

홈질
(러닝 스티치)

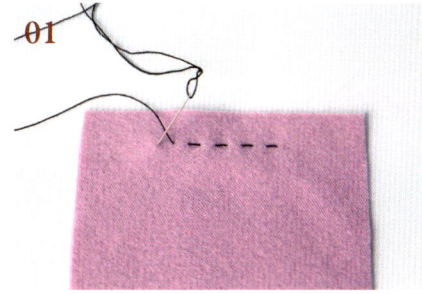

손바느질의 기본이 되는 기초 바느질 방법으로 한 땀씩 같은 간격으로 바느질하는 방법을 말해요. 촘촘하게 바느질하는 촘촘한 홈질과 듬성듬성 크게 바느질해주는 드문 홈질이 있어요.

박음질
(백 스티치)

01

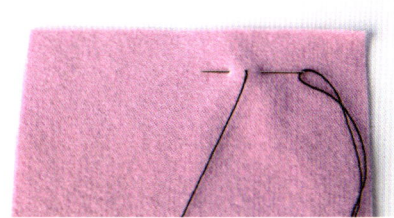

02

03

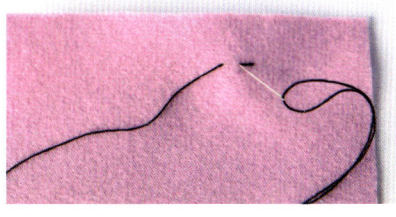

04

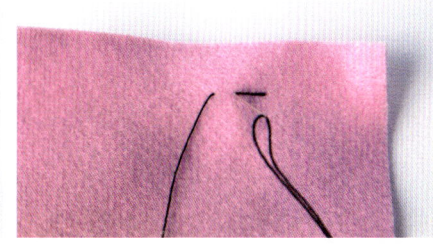

05

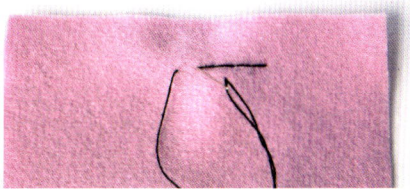

01 시작점 오른쪽으로 한 땀 간격을 두고 바늘을 오른쪽에서 왼쪽으로 꽂아주세요.

02 실을 뺀 모습.

03 시작점에 바늘을 통과시켜주세요.

04 1~2번 방법과 동일하게 한 땀 간격을 두고 바느질을 해주세요.

05 박음질한 모습. 홈질보다 튼튼하게 바느질할 수 있어요.

감칠질

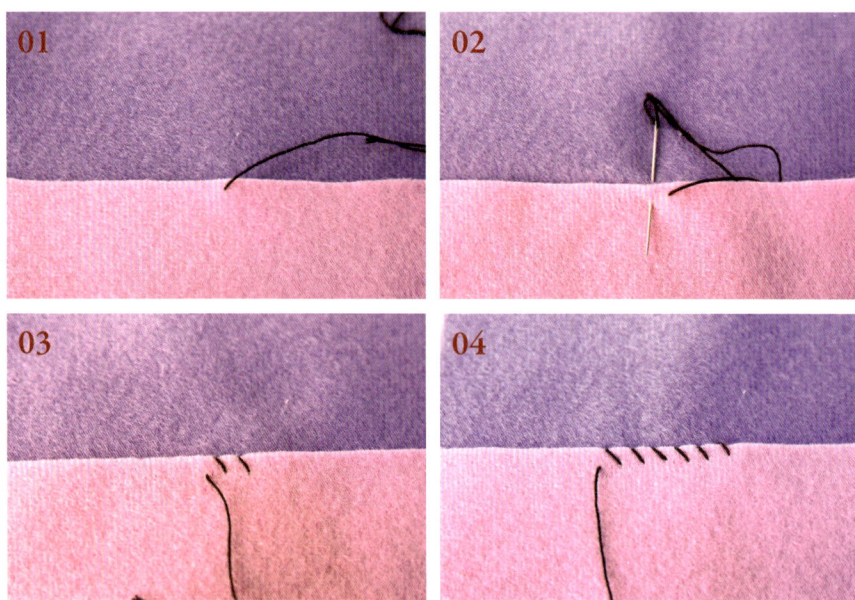

01 원단의 한쪽에 매듭지은 실을 통과시켜주세요.
02 바늘을 위에서 아래로 통과시켜주세요.
03 사선 모양으로 반복해서 바느질해주세요.
04 감칠질한 모습.

버튼홀스티치

01 펠트지 안쪽으로 매듭지은 바늘을 찔러서 통과시켜주세요.
02 반대편 펠트지에 바늘을 통과시켜주세요.
03 실을 잡아당겨 두 펠트지를 포개어주세요.

04 펠트지에 바늘을 반쯤 통과시켜주세요.

05 실을 시계 반대방향으로 감아주세요.

06 실을 잡아당겨주세요.

07 4~6번 과정을 계속 반복해주세요.

※ 바늘을 넣는 방향에 따라 실을 감는 방향이 시계 방향과 시계 반대방향으로 바뀝니다. 위의 방법으로 버튼홀스티치를 하면 펠트지를 벌렸을 때 실이 풀어지지 않아요.

※ 바르지 못한 버튼홀스티치의 예

※ 올바른 버튼홀스티치의 예

버튼홀스티치 마무리

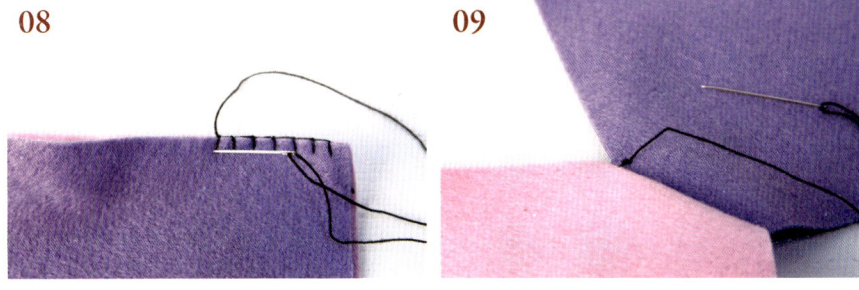

08 7번 과정을 반복 한 후 펠트의 한쪽 면에 바늘을 통과시켜주세요.

09 펠트지 안쪽에서 매듭지어서 마무리를 해주세요.

창구멍

창구멍은 바느질한 원단의 안팎을 뒤집거나 솜이나 충전물을 넣기 위해 남겨 두는 구멍을 말해요. 솜이나 충전물을 넣은 후에는 감침질, 공그르기 또는 버튼홀스티치 등의 바느질기법으로 구멍을 메꿔서 마무리하세요.

매듭 짓기

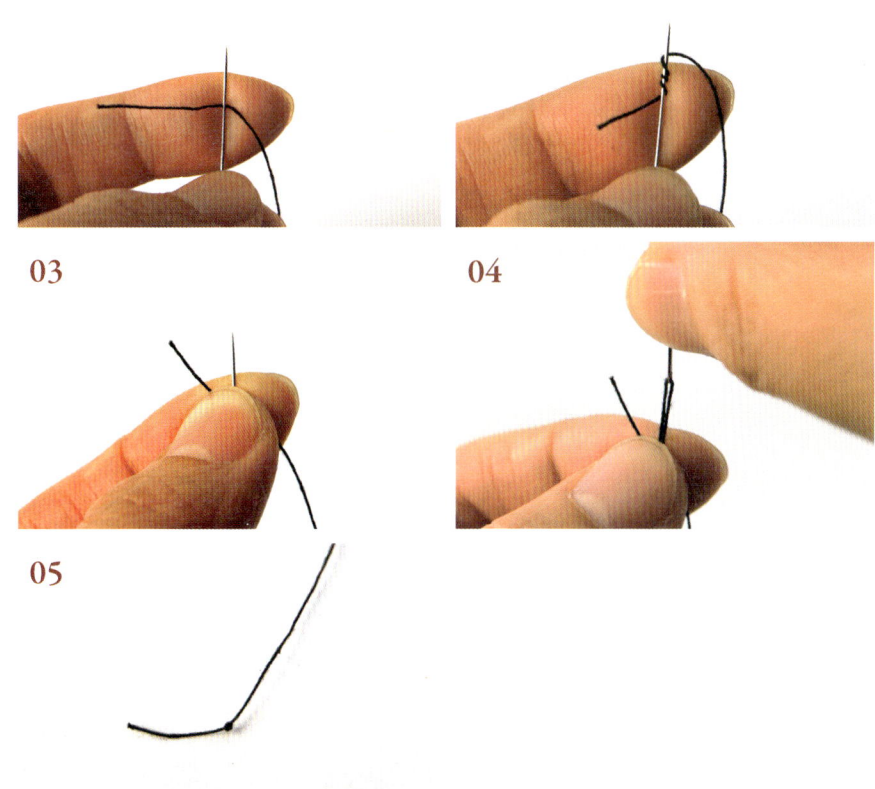

01 실과 바늘이 '+' 모양이 되도록 해주세요.

02 실을 시계방향으로 3번 정도 감아주세요.

03 실을 감은 부분을 엄지손가락으로 고정시켜주세요.

04 반대쪽 손으로 바늘을 잡아 당겨주세요.

05 매듭지은 모습.

PART 1
펠트 케이크를 만들기 위한 데커레이션

펠트로 만든 케이크는 다양한 데커레이션으로
그 모양과 느낌을 다르게 연출할 수 있어요.
기본 케이크 틀에 딸기나 오렌지, 청포도 등 어떤 데커레이션을
하느냐에 따라 케이크의 종류가 바뀌지요.
또 반대로 같은 데커레이션이라도 어떤 케이크 틀에 만드는지에
따라 케이크의 종류가 바뀌기도 해요.
기본적인 데커레이션만 만들 수 있다면 수십, 수백 가지의
다양한 케이크를 만들어 낼 수 있을 거예요.

01	통 딸기	**14**	통 아몬드
02	슬라이스 딸기	**15**	슬라이스 아몬드
03	블루베리 & 라즈베리	**16**	커피빈
04	키위	**17**	초콜릿 스틱
05	바나나	**18**	장식용 나뭇잎(장식용 나뭇잎Ⅰ, 장식용 나뭇잎Ⅱ)
06	오렌지 & 레몬	**19**	기본 생크림
07	슬라이스 사과	**20**	미니 생크림
08	메론 껍질	**21**	길쭉한 생크림
09	슬라이스 메론	**22**	동그란 생크림
10	귤	**23**	쉘 생크림
11	체리(하나의 체리, 두 개의 체리)	**24**	초콜릿 장식
12	청포도 알	**25**	장식용 스티커
13	단호박		

01 통 딸기

PREPARATION

MATERIAL
소프트펠트지, 바늘, 실, 가위, 기화성펜, 방울솜, 겸자

도안
p.201

통딸기로 만든
'딸기 무스 케이크' (114쪽)

01

펠트 원단 위에 도안을 올려놓고 기화성펜으로 그린 후 재단해주세요. (201쪽 도안 사용)

02

원단의 꼭짓점 부분에 매듭을 지은 바늘을 통과시켜주세요.

03

반으로 접은 후 겹친 부분에 바늘을 넣어주세요.

04

버튼홀스티치해주세요. (24쪽 버튼홀스티치 참고)

05

안쪽으로 실을 통과시켜 매듭을 지어주세요.

06

실을 끊지 않은 상태에서 딸기의 밑부분 둘레를 **홈질**해주세요. (23쪽 홈질 참고)

07

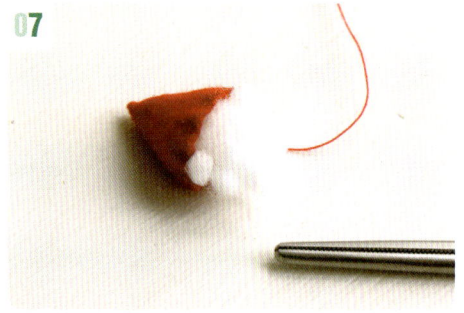

소량의 방울솜을 넣어주세요.

08

홈질해준 부분을 잡아당긴 후 매듭을 지어주세요. (27쪽 매듭짓기 참고)

09

연한 갈색 실을 한 줄로 매듭지은 후 딸기의 밑부분에 통과시켜 매듭이 보이지 않도록 해주세요.

10

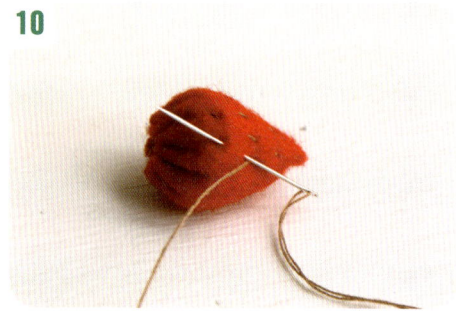

한 땀씩 바느질해서 딸기 씨를 표현해주세요.

11

'통 딸기' 완성.

TIP 딸기의 몸통을 바느질해줄 때 투명사를 사용하면 더 깔끔하게 나와요.

PREPARATION

MATERIAL
3mm 펠트지, 하드펠트지, 소프트펠트지, 실, 바늘, 가위, 순간접착제, 아이섀도, 브러시

도안
p.203

02
슬라이스 딸기

슬라이스 딸기로 만든
'체리 딸기 케이크' (16쪽)

01
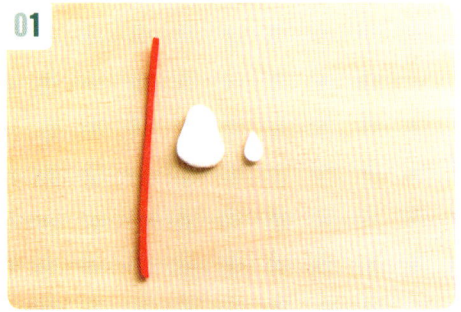

도안대로 각각 재단해주세요. (203쪽 도안 사용)

02
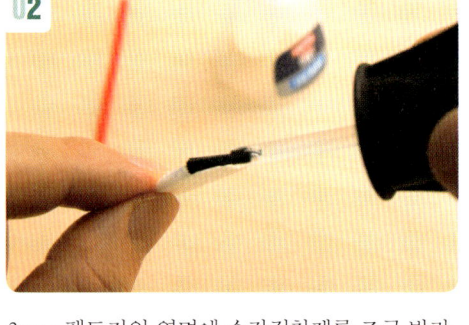

3mm 펠트지의 옆면에 순간접착제를 조금 발라주세요.

TIP 순간접착제가 손에 닿지 않도록 주의하세요.

03
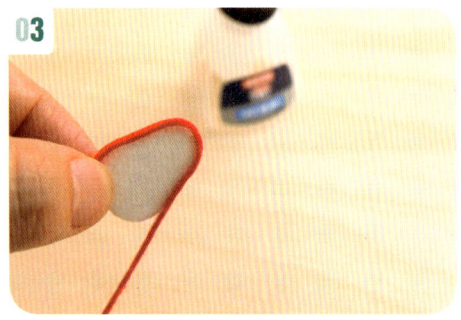

길게 잘라 놓은 펠트지를 빙 둘러가며 붙여주세요.

04

펠트지를 여유 있게 재단해서 붙여준 후 남은 부분을 잘라주면 예쁘게 나와요.

05

핑크색 아이섀도를 브러시로 칠해주세요. 아이섀도가 없다면 파스텔로 칠해줘도 좋아요.

06
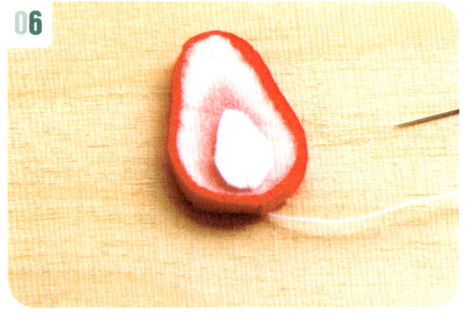

소프트펠트지를 딸기 가운데에 올려놓고 흰색 실 한 줄로 밑부분에 한 땀 고정시켜주세요.

07 조금 긴 한 땀으로 딸기의 하얀 부분을 표현해주세요.

08 '슬라이스 딸기' 완성.

PART 1 펠트 케이크를 만들기 위한 데커레이션

03
블루베리 & 라즈베리

PREPARATION

MATERIAL
소프트펠트지, 투명사, 바늘, 가위,
방울솜, 겸자

도안
p.205

블루베리 & 라즈베리로 만든
'크림 크렌베리 케이크 &
크림 블루베리 케이크' (110쪽)

01

도안대로 재단해주세요. (205쪽 도안 사용)

02

동그란 펠트지를 반으로 접어서 작게 가위집을 내준 후 다시 반대방향으로 반을 접고 가위집을 내주세요.

03

펼치면 십자모양(+)의 가위집이 생겨요.

04

십자모양(+) 위에 흰색 펠트지를 올려놓고 뒤집어주세요.

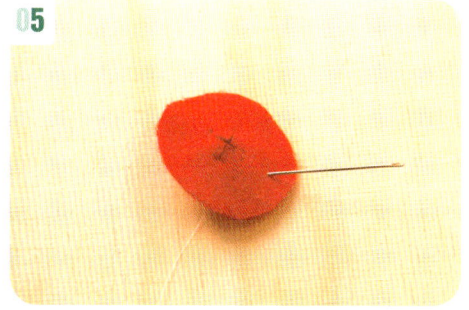

05

동그란 펠트지와 흰색 펠트지가 겹친 상태로 가위집을 낸 끝 부분 4곳을 모두 한 땀씩 바느질해서 고정시켜주세요.

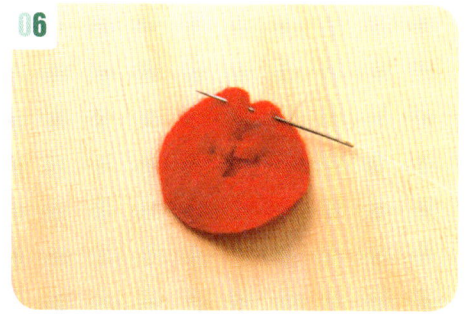

06

동그란 펠트지의 가장자리를 **홈질**해주세요. (23쪽 홈질 참고)

PART 1 펠트 케이크를 만들기 위한 데커레이션   37

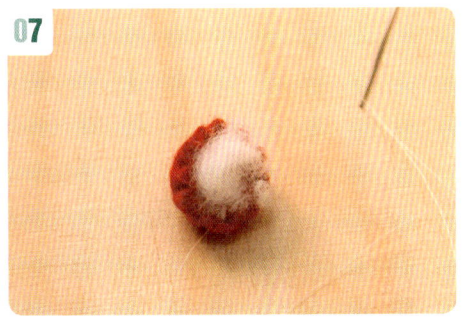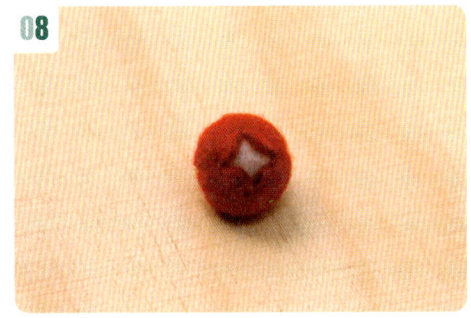

07 살짝 잡아당긴 후 방울솜을 넣어주고 매듭을 지어주세요.

08 '라즈베리' 완성.

빨간색의 소프트펠트지로 만든 라즈베리   남색의 소프트펠트지로 만든 블루베리

※ 라즈베리와 블루베리는 펠트지 색만 다르고 만드는 방법은 동일합니다. 비슷한 컬러로 2~3가지를 만들어서 사용하면 더욱 예뻐요.

PREPARATION
MATERIAL
3mm 펠트지, 소프트펠트지, 실, 바늘, 가위, 순간접착제

도안
p.207

키위로 만든
'키위타르트' (162쪽)

04 키위

01 도안대로 각각 재단해주세요. (207쪽 도안 사용)

02 3mm 펠트지의 가장자리 위쪽을 가위로 둥글게 잘라서 다듬어주세요.

03 3mm 펠트지를 다듬은 모습. (밑면은 자르지 않아요.)

04 펠트지의 가운데 부분에 순간접착제를 조금 발라주세요.

TIP 순간접착제가 손에 닿지 않도록 주의하세요.

05 키위의 하얀 부분을 붙여주세요.

06 하얀 부분을 중심으로 흰색 실을 한 줄로 한 땀씩 바느질 해주세요.

바느질해준 모습.

검은색 실을 두 줄로 매듭지어서 흰색 실의 가운데 부분에 키위 씨를 표현해주세요.

'키위' 완성.

반쪽짜리 키위를 만드는 방법도 동일합니다.

05 바나나

PREPARATION

MATERIAL
3mm 펠트지, 실, 바늘, 가위

도안
p.209

바나나로 만든
'바나나 머핀' (192쪽)

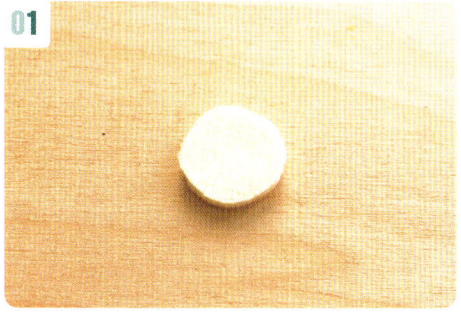

01 도안대로 재단해주세요. (209쪽 도안 사용)

02 3mm 펠트지의 가장자리 위쪽을 가위로 둥글게 잘라서 다듬어주세요.

03 3mm 펠트지를 다듬은 모습. (밑면은 자르지 않아요.)

04 도안에 표시된 부분을 참고로 갈색 실로 길게 한 땀씩 바느질해주세요.

05 바느질해준 모습.

06 바느질을 한 사이사이에 갈색 실로 매듭을 지어주면 '바나나' 완성.

06 오렌지 & 레몬

오렌지 & 레몬으로 만든
'레몬 케이크' (107쪽)

PREPARATION
MATERIAL
3mm 펠트지, 하드펠트지, 가위, 순간접착제

도안
p.209

01

도안대로 재단해주세요. (209쪽 도안 사용)

02
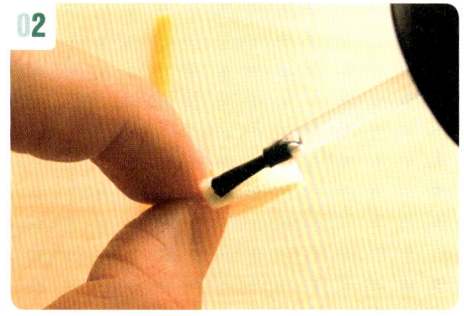

3mm 펠트지의 둥근 부분 위쪽에 순간접착제를 조금 발라주세요.

TIP 순간접착제가 손에 닿지 않도록 주의하세요.

03

길게 잘라 놓은 펠트지를 둥근 부분에 붙여주세요. (펠트지를 여유 있게 재단해서 붙여주고 난 후 남은 부분을 잘라주면 오렌지의 껍질 부분이 더 예쁘게 나와요.)

04

오렌지의 속을 순간접착제를 이용해서 붙여주세요.

05

'오렌지' 완성.

TIP

레몬을 만드는 방법도 동일합니다. 노란색 펠트지로 레몬을 만들어주세요.

07 슬라이스 사과

PREPARATION

MATERIAL
3mm 펠트지, 하드펠트지, 가위, 순간접착제

도안
p.211

슬라이스 사과로 만든
'사과 타르트' (155쪽)

01
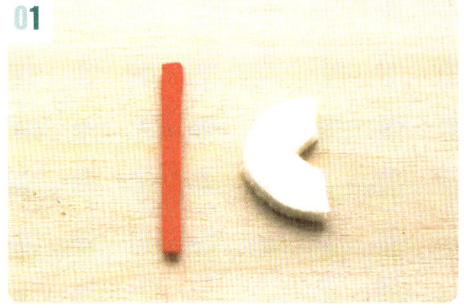

도안대로 재단해주세요. (211쪽 도안 사용)

02
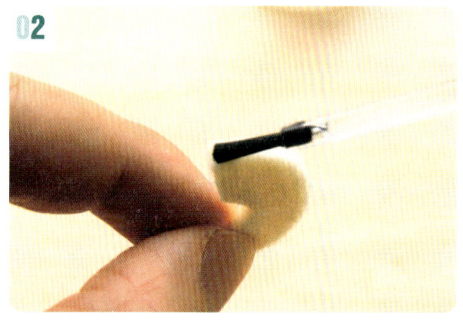

3mm 펠트지의 둥근 부분 위쪽에 순간접착제를 조금 발라주세요.

TIP 순간접착제가 손에 닿지 않도록 주의하세요.

03
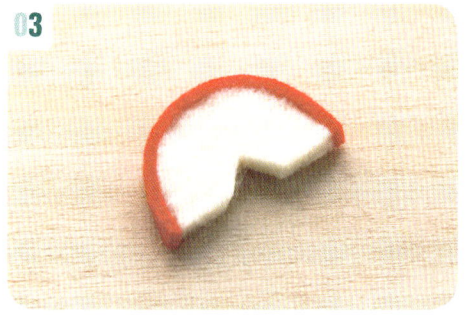

길게 잘라 놓은 하드펠트지를 둥근 부분에 붙여주세요. '슬라이스 사과' 완성.

08 메론 껍질

PREPARATION

MATERIAL
2mm 펠트지, 하드펠트지, 가위, 실,
바늘, 순간접착제

도안
p.211

메론 껍질로 만든
'과일 타르트' (172쪽)

01

도안대로 재단해주세요. (211쪽 도안 사용)

02

흰색 실 한 줄로 메론 껍질의 무늬를 바느질 해 주세요. (도안 모양 참고)

03

2mm 펠트지의 끝 부분에 순간접착제를 조금 발라주세요.

TIP 순간접착제가 손에 닿지 않도록 주의하세요.

04

하드펠트지를 사진처럼 붙여주세요. 2mm 펠트지의 나머지 부분에도 순간접착제로 붙여주세요.

05

2mm 펠트지가 하드펠트지보다 길이가 조금 짧습니다. 하드펠트지를 완전히 붙인 후 사진처럼 꼬아주면서 길이가 같아지도록 합니다.

06

'메론 껍질' 완성.

PART 1 펠트 케이크를 만들기 위한 데커레이션 49

09 슬라이스 메론

PREPARATION

MATERIAL
3mm 펠트지, 하드펠트지, 가위, 실, 바늘, 순간접착제, 아이섀도, 브러시

도안
p.213

슬라이스 메론으로 만든 '메론 케이크' (123쪽)

01 도안대로 재단해주세요. (213쪽 도안 사용)

02 흰색 실 한 줄로 메론 껍질의 무늬를 바느질해 주세요. (도안 모양 참고)

03 3mm 펠트지의 둥근 부분에 순간접착제를 조금 바른 후 메론 껍질을 붙여주세요.

04 연두색의 아이섀도를 반쯤 칠해주세요.

05 초록색의 아이섀도를 껍질 부분 가까이에 칠해서 그라데이션 표현을 해주세요.

06 '슬라이스 메론' 완성. 크기를 다양하게 조절해서 만들어보세요.

PART 1 펠트 케이크를 만들기 위한 데커레이션

10 귤

PREPARATION

MATERIAL
소프트펠트지, 실, 투명사, 바늘, 가위, 방울솜, 겸자

도안
p.215

귤로 만든
'귤 타르트' (168쪽)

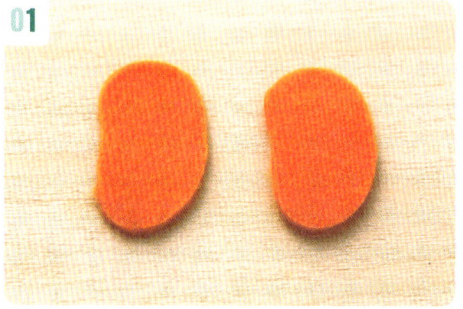

도안대로 재단해주세요. (215쪽 도안 사용)

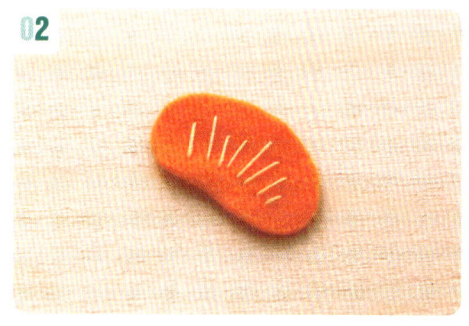

펠트지 1장에 줄무늬로 바느질해주세요. (도안 모양 참고)

바느질한 펠트지 1장과 나머지 한 장을 겹친 후 투명사를 이용해서 **버튼홀스티치**해주세요. (24쪽 버튼홀스티치 참고)

창구멍을 남겨준 후 겸자를 이용해서 방울솜을 넣어주세요.

버튼홀스티치로 마무리 해주면 '귤' 완성.

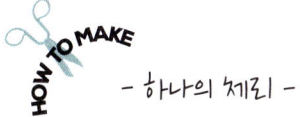

- 하나의 체리 -

01 도안대로 재단해주세요. (217쪽 도안 사용)

02 동그란 펠트지의 가장자리를 홈질해주세요. (23쪽 홈질 참고)

03 실을 잡아당긴 후 소량의 방울솜을 넣어주세요.

04 매듭을 지어서 동그랗게 만들어주세요.

05 갈색 실을 4겹으로 매듭지은 후 밑에서 위로 바늘을 빼주세요. (갈색 실이 체리의 가운데에 오도록 하세요.)

06 갈색 실을 약 1.5cm 정도로 간격을 두고 매듭지어주세요.

'하나의 체리' 완성.

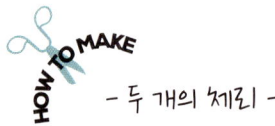

- 두 개의 체리 -

55쪽 4번까지 만든 두 개의 체리를 갈색 실로 연결해주세요.

갈색 실을 겹쳐서 사진처럼 약1.5cm 정도로 간격을 두고 매듭지어주세요.

매듭의 윗부분을 잘라주면 '두 개의 체리' 완성.

12 청포도 알

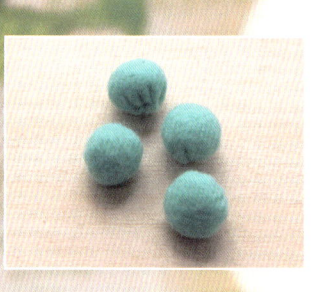

PREPARATION

MATERIAL

소프트펠트지, 가위, 투명사, 바늘, 방울솜, 겸자

도안

p.219

청포도 알로 만든
'청포도 타르트'(160쪽)

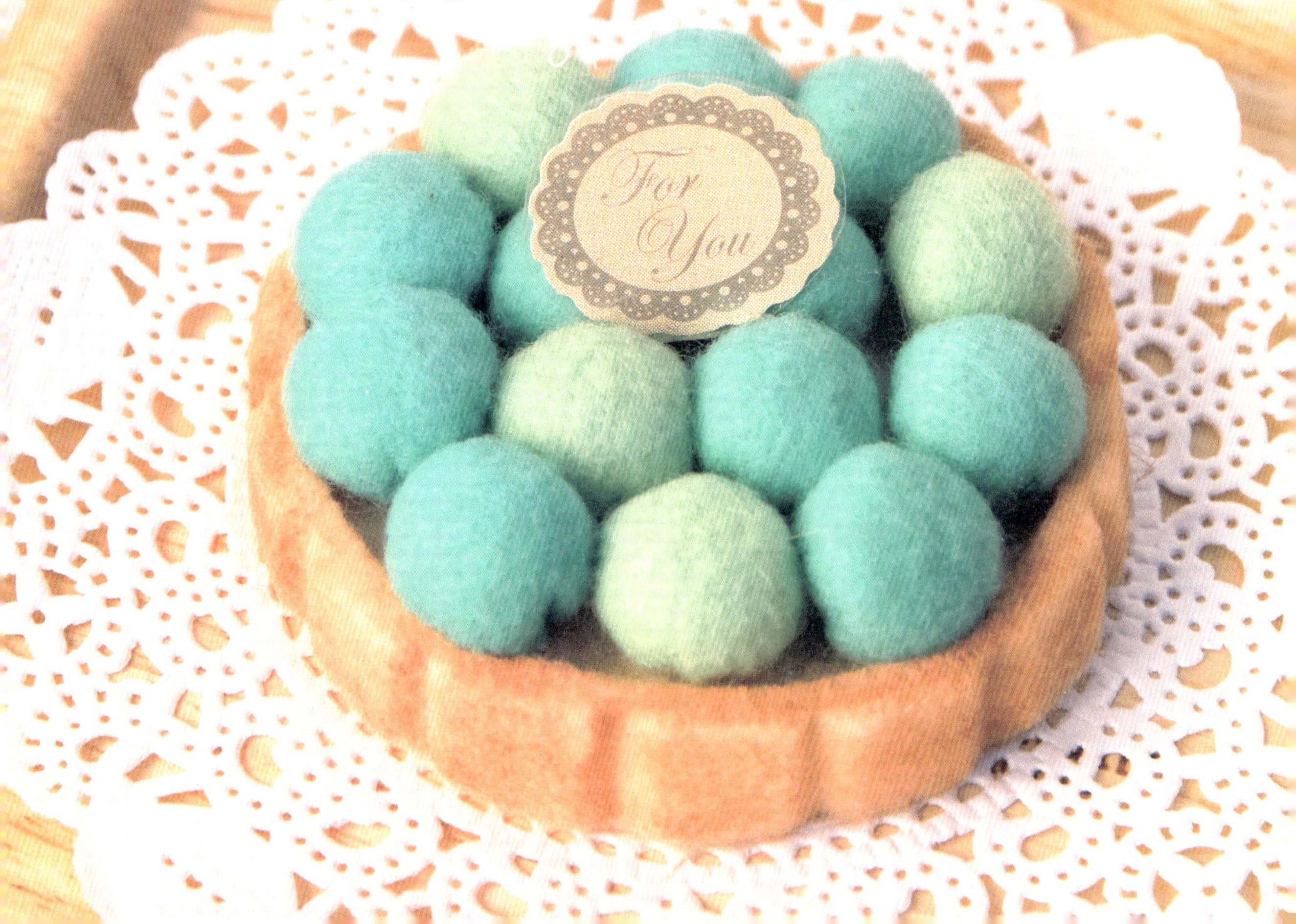

01 도안대로 재단해주세요. (219쪽 도안 사용)

02 동그란 펠트지의 가장자리를 **홈질**해주세요. (23쪽 홈질 참고)

03 실을 잡아당긴 후 소량의 방울솜을 넣어주세요.

04 매듭을 지어서 동그랗게 만들어주세요.

05 '청포도 알' 완성.

보라색으로 만들면 일반 포도 알이 됩니다.

PREPARATION

MATERIAL
3mm 펠트지, 하드펠트지, 순간접착제, 가위

도안
p.221

13 단호박

단호박으로 만든
'단호박 머핀' (196쪽)

01

도안대로 재단해주세요. (221쪽 도안 사용)

02

순간접착제를 이용해서 단호박 껍질을 붙여주세요. 껍질이 될 초록색 펠트는 넉넉하게 잘라서 붙인 후 남는 부분은 가위로 잘라주세요.

TIP 순간접착제가 손에 닿지 않도록 주의하세요.

03

'단호박' 완성. 슬라이스 단호박을 그대로 사용하거나 원하는 크기로 잘라서 사용하세요.

PREPARATION

MATERIAL
소프트펠트지, 가위, 바늘, 실, 투명사, 방울솜, 겸자

p.221

14 통 아몬드

통 아몬드로 만든
'아몬드 케이크' (120쪽)

01 도안대로 재단해주세요. (221쪽 도안 사용)

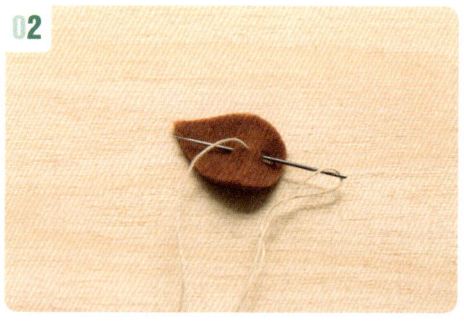

02 펠트지 2장 중 1장의 가운데 부분을 한 줄로 **박음질**해주세요. (23쪽 박음질 참고)

03 아몬드의 가장자리 선을 따라 **박음질**해주세요.

04 **박음질**한 모습

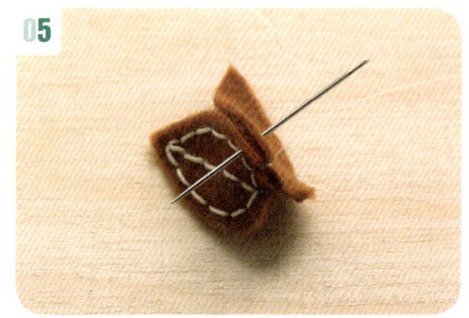

05 박음질을 한 펠트지와 재단된 펠트지를 겹친 후 투명사를 이용해서 가장자리를 **버튼홀스티치**해주세요. (24쪽 버튼홀스티치 참고)

06 창구멍을 남겨주세요.

겸자를 이용해 방울솜을 조금만 넣어주세요.

창구멍을 **버튼홀스티치**로 마무리하면 '통 아몬드' 완성.

PART 1 펠트 케이크를 만들기 위한 데커레이션

15
슬라이스 아몬드

PREPARATION
MATERIAL
소프트펠트지, 가위, 아이섀도, 브러시

도안
p.223

슬라이스 아몬드로 만든
'아몬드 조각 케이크' (137쪽)

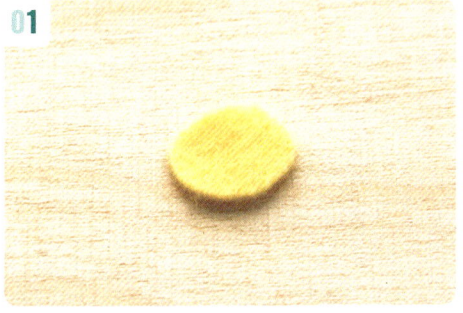

도안대로 재단해주세요. (223쪽 도안 사용)

갈색 아이섀도를 펠트지의 가운데 부분에 적당히 칠해서 슬라이스 아몬드를 표현해주세요.

'슬라이스 아몬드' 완성.

PART 1 펠트 케이크를 만들기 위한 데커레이션   65

16 커피빈

PREPARATION

MATERIAL
소프트펠트지, 실, 바늘, 방울솜, 가위, 겸자

도안
p.223

커피빈으로 만든
'모카 케이크' (104쪽)

01

223쪽 도안대로 재단한 타원형 펠트지의 가장자리에 실을 한 겹으로 **홈질**해주세요. (23쪽 홈질 참고)

02

살짝 잡아당긴 후 방울솜을 넣어주세요.

03

실을 끝까지 잡아당긴 후 매듭을 지어주세요.

04

실을 두 겹으로 매듭지은 후 밑부분에 바늘을 찔러 넣어주세요.

05

0.8m정도 간격으로 한 땀 바느질을 해서 원두를 표현해주세요.

06

'커피빈(원두)' 완성. 2~3가지 컬러로 만들어서 사용하세요.

17 초콜릿 스틱

PREPARATION

MATERIAL
하드펠트지, 실, 가위, 바늘

도안
p.225

초콜릿 스틱으로 만든
'초콜릿 스틱 머핀' (198쪽)

01

도안대로 재단해주세요. (225쪽 도안 사용)

02

길이가 긴 부분이 위로 가도록 펼쳐 놓고 돌돌 말아주세요.

03

펠트지와 같은 색의 실로 **감침질**해주세요. (24쪽 감침질 참고)

04

감침질해준 모습.

05

감침질 선을 기준으로 매듭지은 흰색 실 두 줄을 초콜릿 스틱의 밑부분에 넣고 매듭이 보이지 않도록 숨겨주세요.

PART 1 펠트 케이크를 만들기 위한 데커레이션

흰색 실을 한쪽 방향으로 6~7줄 정도 나선형으로 감아주세요.

감침질 선을 기준으로 시작과 끝이 사진처럼 안으로 숨겨지도록 만들어주세요.

'초콜릿 스틱' 완성.

흰색 펠트지로 만들면 화이트 초콜릿 스틱이 됩니다.

18
장식용 나뭇잎

PREPARATION

MATERIAL
하드펠트지, 바늘, 투명사, 가위

도안
p.227

장식용 나뭇잎으로 만든
'블루베리 & 라즈베리 머핀'
(186쪽)

HOW TO MAKE - 장식용 나뭇잎 Ⅰ -

01

도안대로 재단해주세요. (227쪽 도안 사용)

02

반으로 접은 후 넓은 부분에 **버튼홀스티치**해주세요. (24쪽 버튼홀스티치 참고)

03

나뭇잎의 절반만 바느질해주세요.

04

나뭇잎을 두 장 만들어주세요.

05

바느질 해준 부분의 두 곳을 겹친 후 두 땀 정도 **버튼홀스티치**해서 고정시켜주세요.

06

'장식용 나뭇잎 Ⅰ' 완성. 장식용 나뭇잎은 용도에 따라 한 잎 또는 두 잎을 겹쳐서 사용하거나 컬러를 다르게 해서 사용하면 예뻐요.

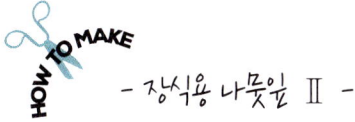

- 장식용 나뭇잎 Ⅱ -

도안대로 재단해주세요. (227쪽 도안 사용)

가장자리를 사진처럼 가위로 오려주세요. (도안 모양 참고)

가위로 오려준 모습.

나뭇잎을 여러 개 만들어주세요. 색상도 다르게 하면 더욱 예뻐요.

장식용 나뭇잎 Ⅰ과 같이 **버튼홀스티치**로 모양을 만들어주면 '장식용 나뭇잎 Ⅱ' 완성.

19 기본 생크림

PREPARATION

MATERIAL
소프트펠트지, 가위, 실, 바늘

도안
p.227

기본 생크림으로 만든
'초콜릿 조각 케이크' (140쪽)

01

도안대로 12장을 재단해주세요. (227쪽 도안 사용)

02

사진처럼 가지런히 놓아주세요.

03

12장을 한꺼번에 **버튼홀스티치**해주세요. (24쪽 버튼홀스티치)

04

매듭을 지은 후 6장씩 절반으로 나눠서 펼쳐주세요.

05

양쪽으로 사선 모양이 되도록 바느질해주세요.

06

바느질을 모두 해준 모습. (생크림의 모양을 잡기 위한 바느질로 바늘땀의 간격이 일정하지 않아도 상관없어요.)

사진처럼 생크림 모양으로 펼쳐주세요.

생크림을 잡아당겨서 모양을 낸 후 매듭지어주세요.

'기본 생크림' 완성.

PREPARATION

MATERIAL
소프트펠트지, 바늘, 실, 가위, 방울솜, 겸자

도안
p.229

20
미니 생크림

미니 생크림으로 만든
'라즈베리 & 블루베리 조각 케이크'
(134쪽)

도안대로 재단해주세요. (229쪽 도안 사용)

원단의 꼭지점 부분에 매듭을 지은 바늘을 통과시켜주세요.

반으로 접은 후 **버튼홀스티치**해주세요. (24쪽 버튼홀스티치 참고)

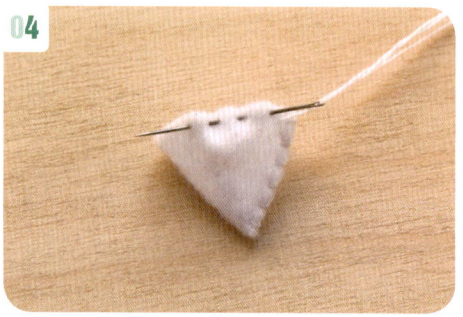

실을 끊지 않은 상태에서 생크림 밑부분의 둘레를 **홈질**해주세요. (23쪽 홈질 참고)

소량의 방울솜을 넣어주세요.

홈질해준 부분을 잡아당겨서 매듭을 지어주면 '미니 생크림' 완성.

21
길쭉한 생크림

길쭉한 생크림으로 만든 '커피 조각 케이크' (142쪽)

PREPARATION

MATERIAL
소프트펠트지, 바늘, 가위, 투명사

도안
p.229

01 도안대로 재단해주세요. (229쪽 도안 사용)

02 0.6cm간격으로 부채모양이 되도록 지그재그로 접어주세요.

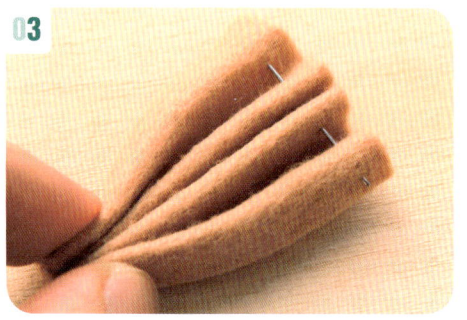

03 생크림의 윗면이 4줄이 되도록 접어주세요.

04 투명사로 가운데 부분에 **홈질**해주세요. (23쪽 홈질 참고)

길쭉한 생크림의 윗부분 　　　　 길쭉한 생크림의 밑부분

05 생크림의 밑부분에 **버튼홀스티치**해주세요. (24쪽 버튼홀스티치 참고)

'길쭉한 생크림' 완성. 다양한 컬러로 만들어서 사용하세요. (4번 과정에서 홈질 부분을 크림 쪽으로 가까이 하면 조금 더 촘촘한 생크림이 만들어져요.)

22 동그란 생크림

PREPARATION

MATERIAL
소프트펠트지, 실, 바늘, 가위

도안
p.231

동그란 생크림으로 만든
'스트로베리 머핀' (194쪽)

01. 도안대로 재단해주세요. (231쪽 도안 사용)

02. 펠트지의 한쪽 면을 **홈질**해주세요. (23쪽 홈질 참고)

03. 끝까지 **홈질**을 한 후 잡아당겨서 매듭지어주세요.

04. 반대편도 **홈질**해주세요.

05. 잡아당겨 매듭지어진 모습.

06. 빈으로 집으면 사진과 같은 모양이 만들어져요.

PART 1 펠트 케이크를 만들기 위한 데커레이션

양 끝을 겹쳐준 후 가운데 부분을 **홈질**해서 고정 시켜주세요.

'동그란 생크림' 완성.

PREPARATION
MATERIAL
소프트펠트지, 실, 바늘, 가위

도안
p.231

23
쉘 생크림

쉘 생크림으로 만든
'치즈 조각 케이크' (144쪽)

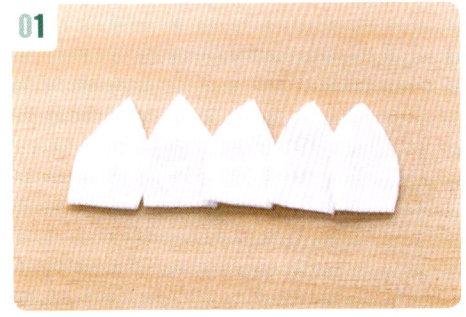

01 도안대로 5장을 재단해주세요. (231쪽 도안 사용)

02 자른 펠트지 3장을 반으로 접은 후 바늘로 고정시켜주세요.

03 남은 펠트지 2장은 양옆에 한 장씩 펼쳐서 고정시켜주세요

04 고정시킨 펠트지를 뒤집은 상태로 **버튼홀스티치** 해주세요. 이때 펠트지가 모두 고르게 바느질이 되어야 예쁜 생크림을 만들 수 있어요. (24쪽 버튼홀스티치 참고)

05 **버튼홀스티치**를 해준 모습.

앞면에 생크림의 결이 제대로 나왔는지 확인해주세요.

06

양옆에 펼쳐진 펠트지 2장을 **버튼홀스티치**해주세요.

07

버튼홀 스티치를 하면 사진처럼 작은 구멍 3개와 큰 구멍 1개가 나와요.

08

작은 구멍 3개를 살짝 접어 큰 구멍 안으로 조금 넣고 그 위에 큰 구멍의 펠트지를 포개듯 안쪽으로 조금 넣어주세요.

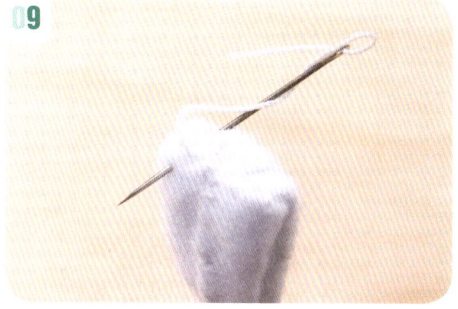

09

구멍에 넣어준 펠트지를 함께 바느질해서 마무리해주세요.

10

'쉘 생크림' 완성. 4번 과정에서 바느질을 하는 깊이에 따라 쉘 생크림이 얇게 나오기도 해요. 용도에 맞춰 자유롭게 만들어서 사용하세요.

PART 1 펠트 케이크를 만들기 위한 데커레이션

24 초콜릿 장식

PREPARATION

MATERIAL
OHP필름(또는 코팅지), 글루건, 색 글루스틱

초콜릿 장식으로 만든
'초코 무스 케이크' (117쪽)

01

OHP필름 위에 검은색 글루건 심으로 초콜릿 장식을 자유롭게 그려주세요. (글루건의 접착물이 뜨거워서 얇은 비닐은 녹아버려요. 꼭 두께가 있는 OHP필름이나 코팅지를 이용해서 만들어주세요.)

02

다양한 모양으로 초콜릿 장식을 여러 개를 만들어주세요.

03

냉동실에 5분정도 넣어서 완전히 굳힌 후 OHP필름을 떼어주세요.

04

'초콜릿 장식' 완성.

25
장식용 스티커

PREPARATION
MATERIAL
스티커, OHP필름(또는 코팅지), 가위

장식용 스티커로 만든
'커피 머핀' (190쪽)

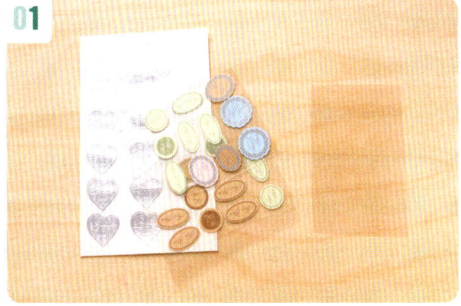

스티커와 OHP필름을 준비해주세요.

OHP필름에 스티커를 붙여주세요. (스티커를 그대로 사용하면 접착면이 떼어질 수 있고 글루건으로 붙일 때 힘이 없어요. 모양을 예쁘게 잡아주기 위해선 OHP필름에 붙여주는 것이 좋아요.)

스티커를 따라 가위로 오려주면 '장식용 스티커' 완성.

PART 1 펠트 케이크를 만들기 위한 데커레이션

PART 2
작고 귀여운 미니어처 펠트 케이크

보는 것만으로도 힐링이 되는 작고 귀여운 펠트 케이크에요.
딸기, 오렌지, 사과 등 좋아하는 과일이나 장식을 이용해서 나만의 독창적인 케이크를 만들어보세요.
꼭 책 속에 나와 있는 대로 만들지 않아도 좋아요. 원하는 스타일로 만들 수 있는 것이 펠트 케이크의 매력이에요.
완성된 펠트 케이크를 보는 순간 실제 미니케이크를 보는 듯 먹음직스럽고 작고 예쁜 작품에 놀라움을 감출 수 없을 거예요.

― 펠트 케이크 틀 만들기 ①, ② ―

01 애플 라즈베리 케이크

02 체리 딸기 케이크

03 모카 케이크

04 레몬 케이크

05 크림 크렌베리 케이크 & 크림 블루베리 케이크

06 딸기 무스 케이크

07 초코 무스 케이크

08 아몬드 케이크

09 메론 케이크

펠트 케이크 틀 만들기 ①, ②

PREPARATION

MATERIAL
하드펠트지,
바늘,
투명사,
가위,
칼,
방울솜(케이크 틀 ①),
스폰지(케이크 틀 ②)

도안
케이크 틀 ① p.235,
케이크 틀 ② p.237

케이크 틀 ①
방울솜을 넣어서 만드는 방법

케이크 틀 ②
스폰지를 넣어 만드는 방법

케이크 틀 ①
방울솜을 넣어서 만드는 방법

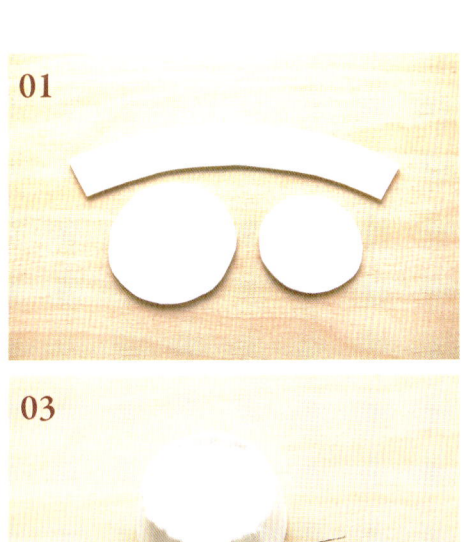

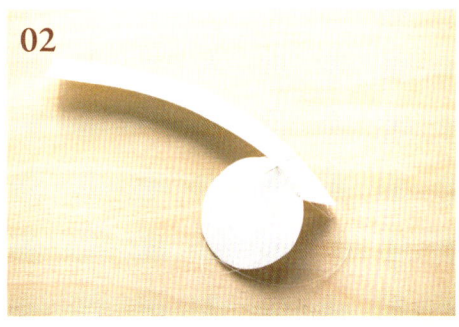

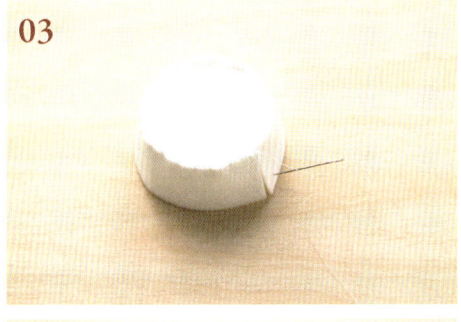

01 도안대로 재단해주세요. (235쪽 도안 사용)

02 작은 동그라미 펠트지와 옆면이 될 펠트지의 아랫부분(길이가 짧은 면)을 **버튼홀스티치**해주세요. (24쪽 버튼홀스티치 참고)

03 **버튼홀스티치**한 모습. 바느질할 때 개인의 장력에 따라 옆면이 남을 수가 있으니 원형에 맞춰서 바느질하도록 해주세요.

04 옆면도 **버튼홀스티치**해주세요.

05 남은 윗부분에 큰 동그라미를 **버튼홀스티치**해주세요.

PART 2 작고 귀여운 미니어처 펠트 케이크

06 창구멍을 남긴 후 방울솜을 넣어주세요. 방울솜은 조금 적은 듯 넣어야 모양이 예쁘게 잡혀요.

07 **버튼홀스티치**로 창구멍을 막아주면 '케이크 틀 ①' 완성.

케이크 틀 ②
스폰지를 넣어 만드는 방법

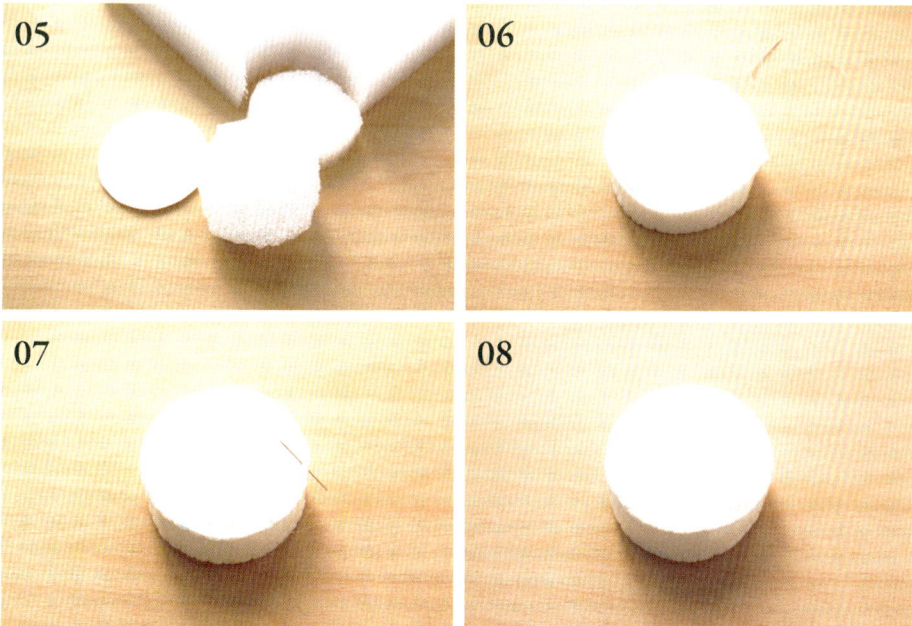

01 도안대로 재단해주세요. (237쪽 도안 사용)

02 동그란 펠트지 1장과 옆면을 **버튼홀스티치**해주세요.

03 바느질해준 모습. 바느질할 때 개인의 장력에 따라 옆면이 남을 수가 있으니 원형에 맞춰서 바느질해주세요.

04 옆면을 **버튼홀스티치**해주세요.

05 스펀지를 케이크 틀에 맞춰서 잘라주세요. 케이크 보다 조금 작게 잘라줘야 모양이 예쁘게 잡혀요.

06 동그라미 안에 스펀지를 넣어주세요.

07 남아있는 동그란 펠트지를 **버튼홀스티치**해주세요.

08 '케이크 틀 ②' 완성.

PREPARATION

MATERIAL
글루건, 글루스틱

NEEDS
케이크 틀 ①(95쪽),
라즈베리(36쪽) 3개,
슬라이스 사과(46쪽) 8개,
장식용 나뭇잎(71쪽)

01

애플 라즈베리 케이크

케이크 틀 ①(95쪽)을 하나 만들어주세요.

케이크 틀 옆면에 글루건으로 슬라이스 사과(46쪽)를 붙여주세요.

TIP 글루건이 뜨거우니 손에 닿지 않도록 주의하세요.

슬라이스 사과 8조각이 케이크 옆면에 맞도록 바느질 선을 따라 붙여주세요.

슬라이스 사과를 8개 모두 붙인 모습.

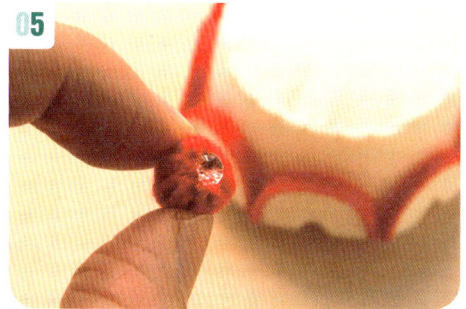

라즈베리(36쪽)에 글루건을 소량 발라주세요.

케이크의 윗면에 라즈베리를 붙여주세요. (글루건의 접착물이 굳기 전에 붙여주세요.)

라즈베리 3개가 가운데에 오도록 사진처럼 붙여 주세요.

장식용 나뭇잎(71쪽)을 라즈베리 옆에 붙여주면 '애플 라즈베리 케이크' 완성.

PREPARATION

MATERIAL
글루건, 글루스틱,
붉은색 계열의 펠트지 3종류

NEEDS
'연한 핑크색 펠트로 만든' 케이크 틀 ①(95쪽),
체리(54쪽) 3개,
슬라이스 딸기(33쪽) 6개,
장식용 나뭇잎(71쪽)

02

체리 딸기 케이크

01 슬라이스 딸기(33쪽)에 글루건을 소량 발라주세요.

TIP 글루건이 뜨거우니 손에 닿지 않도록 주의하세요.

02 연한 핑크색 펠트로 만든 케이크 틀 ①(95쪽)의 윗면에 슬라이스 딸기 3개를 사진처럼 붙여주세요.

03 엇갈리도록 슬라이스 딸기 3개를 더 붙여주세요.

04 케이크의 중앙에 글루건을 이용해서 체리(54쪽) 3개를 붙여주세요.

05 체리 사이에 장식용 나뭇잎(71쪽)을 붙여주세요.

06 붉은색 계열의 펠트지 3종류를 작게 잘라주세요.

케이크의 밑부분에 글루건을 조금 발라주세요.

잘라놓은 붉은색 계열의 펠트지를 케이크 밑부분에 모두 붙여주세요.

'체리 딸기 케이크' 완성.

03 모카 케이크

PREPARATION

MATERIAL
글루건, 글루스틱,
갈색 계열의 펠트지 3종류

NEEDS
케이크 틀 ①(95쪽),
커피빈(66쪽) 6개,
장식용 나뭇잎(71쪽),
장식용 스티커(90쪽)

HOW TO MAKE

01 커피빈(66쪽)에 글루건을 소량 발라주세요.
TIP 글루건이 뜨거우니 손에 닿지 않도록 주의하세요.

02 케이크 틀 ①(95쪽)의 바느질 한 선 부분을 기준으로 커피빈을 하나 붙여주세요.

03 반대편에 다른 색의 커피빈을 붙여주세요.

04 커피빈의 컬러가 엇갈리도록 사진처럼 모두 붙여주세요.

05 장식용 스티커(90쪽)를 붙여주세요.

06 장식용 스티커 앞쪽에 장식용 나뭇잎(71쪽)을 붙여주세요.

갈색 계열의 펠트지 3종류를 작게 잘라주세요.

케이크의 밑부분에 글루건을 조금 발라주세요.

잘라놓은 갈색 계열의 펠트지를 케이크 밑부분에 모두 붙여주세요.

'모카 케이크' 완성.

PREPARATION

MATERIAL
글루건, 글루스틱,
노란색 계열의 펠트지 3종류

NEEDS
케이크 틀 ①(95쪽),
레몬(44쪽),
미니 생크림(77쪽) 3개,
장식용 나뭇잎(71쪽)

04 레몬 케이크

01 케이크 틀 ①(95쪽) 윗면에 글루건으로 미니 생크림(77쪽) 3개를 붙여주세요.

TIP 글루건이 뜨거우니 손에 닿지 않도록 주의하세요.

02 생크림 앞쪽에 레몬(44쪽)을 붙여주세요.

03 레몬 왼쪽에 장식용 나뭇잎(71쪽)을 붙여주세요.

04 노란색 계열의 펠트지 3종류를 작게 잘라주세요.

05 케이크의 밑부분에 글루건을 조금 발라서 잘라놓은 펠트지를 모두 붙여주세요.

'레몬 케이크' 완성.

01

빨간색 펠트로 만든 블루베리(36쪽) 모양 3개와 청포도 알(57쪽) 모양 8개를 준비해주세요. 239쪽 도안대로 각각 재단해주세요.

02

둥근모양의 3mm펠트지의 위쪽 가장자리를 가위로 잘라서 다듬어주세요.

03
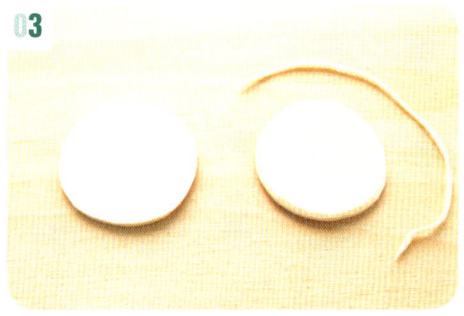

빵이 될 펠트지를 모두 같은 방법으로 다듬어주세요. (왼쪽) 재단된 펠트지, (오른쪽) 가장자리를 다듬어준 펠트지.

04

크림 모양의 펠트지도 다듬어주세요. (왼쪽) 재단된 펠트지, (오른쪽) 가장자리를 다듬어준 펠트지.

05

빵과 크림이 될 펠트지 4장을 모두 다듬어준 모습.

06
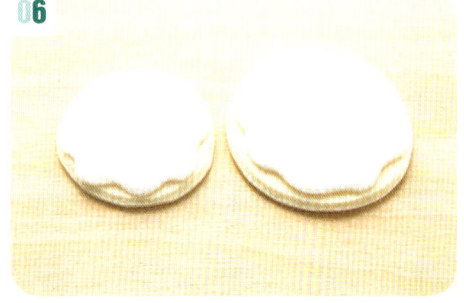

빵과 크림을 크기에 맞게 얹은 후 글루건으로 붙여주세요.

TIP 글루건이 뜨거우니 손에 닿지 않도록 주의하세요.

큰 빵 위에 **크렌베리 Ⅱ**(빨간색 펠트로 만든 청포도 알(57쪽))를 바느질 한 부분이 안쪽으로 가도록 글루건으로 붙여주세요.

크렌베리 Ⅱ를 모두 붙인 모습. (크렌베리를 미리 올려놓고 간격을 보면서 붙여주면 예쁘게 모양이 잡혀요.)

크렌베리 Ⅱ 위에 글루건을 발라주세요.

글루건의 접착물이 굳기 전에 작은 빵을 붙여주세요.

크렌베리 Ⅰ(빨간색 펠트로 만든 블루베리(36쪽))을 중앙에 붙여주세요.

장식용 나뭇잎(71쪽)을 붙여주세요.

갈색 아이섀도를 이용해서 케이크의 가장자리를 칠해주세요.

'크렌베리 케이크' 완성.

블루베리로 만들어주면 크림 블루베리 케이크가 완성됩니다.

PREPARATION

MATERIAL
글루건,
빨간색 글루스틱,
리본, OHP필름

NEEDS
케이크 틀 ② (96쪽),
통 딸기(30쪽),
동그란 생크림(82쪽),
장식용 나뭇잎(71쪽)

06 딸기 무스 케이크

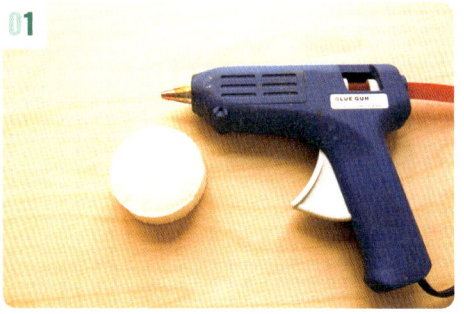

01 케이크 틀 ②(96쪽)과 글루건을 준비해주세요.
TIP 글루건이 뜨거우니 손에 닿지 않도록 주의하세요.

02 케이크 틀 위에 빨간색 글루건을 듬뿍 발라주세요.

03 OHP필름을 반으로 접은 후 접힌 부분으로 글루건을 평평하게 펴주세요. (글루건이 빨리 굳기 때문에 빠른 시간 내에 작업해야지 예쁘게 나와요.)

04 (글루건으로 만든) 딸기 무스를 올려준 모습.

05 빨간색 글루건이(딸기 무스) 완전히 굳으면 케이크 틀 위에 동그란 생크림(82쪽)을 글루건으로 붙여주세요.

06 생크림의 가운데 부분에 통 딸기(30쪽)를 붙여주세요.

딸기의 옆 부분에 장식용 나뭇잎(71쪽)을 붙여주세요.

케이크 틀의 옆면에 리본을 붙여주세요.

케이크 틀의 옆면에 리본을 고정시켜 준 모습.

OHP필름을 둘러 준 후 테이프로 고정시켜주면 '딸기 무스 케이크' 완성. (233쪽 OHP필름 도안 참고)

PREPARATION

MATERIAL
2mm 펠트지(장식용 판 초콜릿),
글루건, 글루스틱

NEEDS
'갈색 펠트로 만든' 케이크 틀 ② (96쪽),
커피빈(66쪽) 2개, 초콜릿 장식(88쪽),
장식용 스티커(90쪽)

07 초코 무스 케이크

HOW TO MAKE

01 케이크 틀 ②(96쪽)에 밤색 글루건을 듬뿍 발라서 펴준 후 무스 케이크 틀을 만들어주세요. (114쪽 딸기 무스 케이크 참고)

02 케이크 틀 위에 장식용 스티커(90쪽)를 글루건으로 붙여주세요.

03 초콜릿 장식(88쪽)을 세워서 붙여준 후 글루건이 굳을 때까지 손으로 모양을 잡아주세요.

04 커피빈(66쪽)을 붙여주세요.

05 장식용 판 초콜릿을 도안대로 8장을 재단해준 후 케이크 틀 옆면에 사선으로 붙여주세요. (233쪽 도안 사용)

06 장식용 판 초콜릿을 12시 방향과 6시 방향에 하나씩 붙여주세요.

3시 방향과 9시 방향에 붙여주세요.

나머지 판 초콜릿을 간격에 맞춰서 붙여주면 '초코 무스 케이크' 완성.

08 아몬드 케이크

PREPARATION

바늘, 실, 글루건, 글루스틱

케이크 틀 ② (96쪽),
통 아몬드(61쪽) 2개,
슬라이스 아몬드(64쪽) 20~25개,
장식용 나뭇잎(71쪽),
초콜릿 장식(88쪽),
장식용 스티커(90쪽)

01

케이크 틀 ②(96쪽) 밑면에 글루건으로 슬라이스 아몬드(64쪽)를 붙여주세요.

02

슬라이스 아몬드를 모두 붙인 모습.

03

케이크 틀 위에 통 아몬드(61쪽) 2개를 붙여주세요.

04

통 아몬드의 왼쪽에 장식용 스티커(90쪽)를 붙여주세요.

05

장식용 나뭇잎(71쪽) 3장을 만들고 그 중 1장은 반으로 접어서 바느질 해주세요.

06

통 아몬드와 장식용 스티커 사이에 장식용 나뭇잎을 사진처럼 붙여주세요.

07 초콜릿 장식(88쪽)을 붙여주면 '아몬드 케이크' 완성.

PREPARATION

MATERIAL
글루건, 글루스틱

NEEDS
케이크 틀 ① (95쪽),
슬라이스 메론(50쪽) 큰 것 4조각과 작은 것 6조각,
장식용 나뭇잎(71쪽),
초콜릿 장식(88쪽)

09 메론 케이크

01 케이크 틀 ①(95쪽) 옆면에 글루건으로 슬라이스 메론(50쪽) 큰 것을 붙여주세요.

02 12시 방향에 슬라이스 메론 큰 것을 붙여주세요.

03 3시와 9시 방향에도 슬라이스 메론 큰 것을 마저 붙여주세요.

04 큰 메론 사이에 작은 메론을 비스듬하게 붙여주세요.

05 케이크 틀 옆면에 메론을 모두 붙인 모습.

06 케이크 틀 위에 작은 메론 하나를 붙여주세요.

메론 앞쪽으로 초콜릿 장식(88쪽)을 붙여주세요.

장식용 나뭇잎(71쪽)도 붙여주세요.

나뭇잎과 초콜릿 장식 사이에 작은 메론을 붙여 주면 '메론 케이크' 완성.

PART 2 작고 귀여운 미니어처 펠트 케이크 125

PART 3
한 입 베어 먹고픈 조각 케이크

겹겹이 쌓인 시트와 크림의 심플한 조합이 예쁜 조각 케이크에요.
케이크 속 다양한 컬러의 크림이 조각 케이크를 더욱 먹음직스럽게 만들어요.
부드럽고 촉촉해 보이는 조각 케이크를 보면 당장이라도 케이크 가게로 달려가
한 입 베어 먹는 상상을 하게 될지도 몰라요.

― 조각 케이크 틀 만들기 ―

01 녹차 조각 케이크
02 라즈베리 & 블루베리 조각 케이크
03 아몬드 조각 케이크
04 초콜릿 조각 케이크
05 커피 조각 케이크
06 치즈 조각 케이크
07 체리 조각 케이크

조각 케이크 틀 만들기

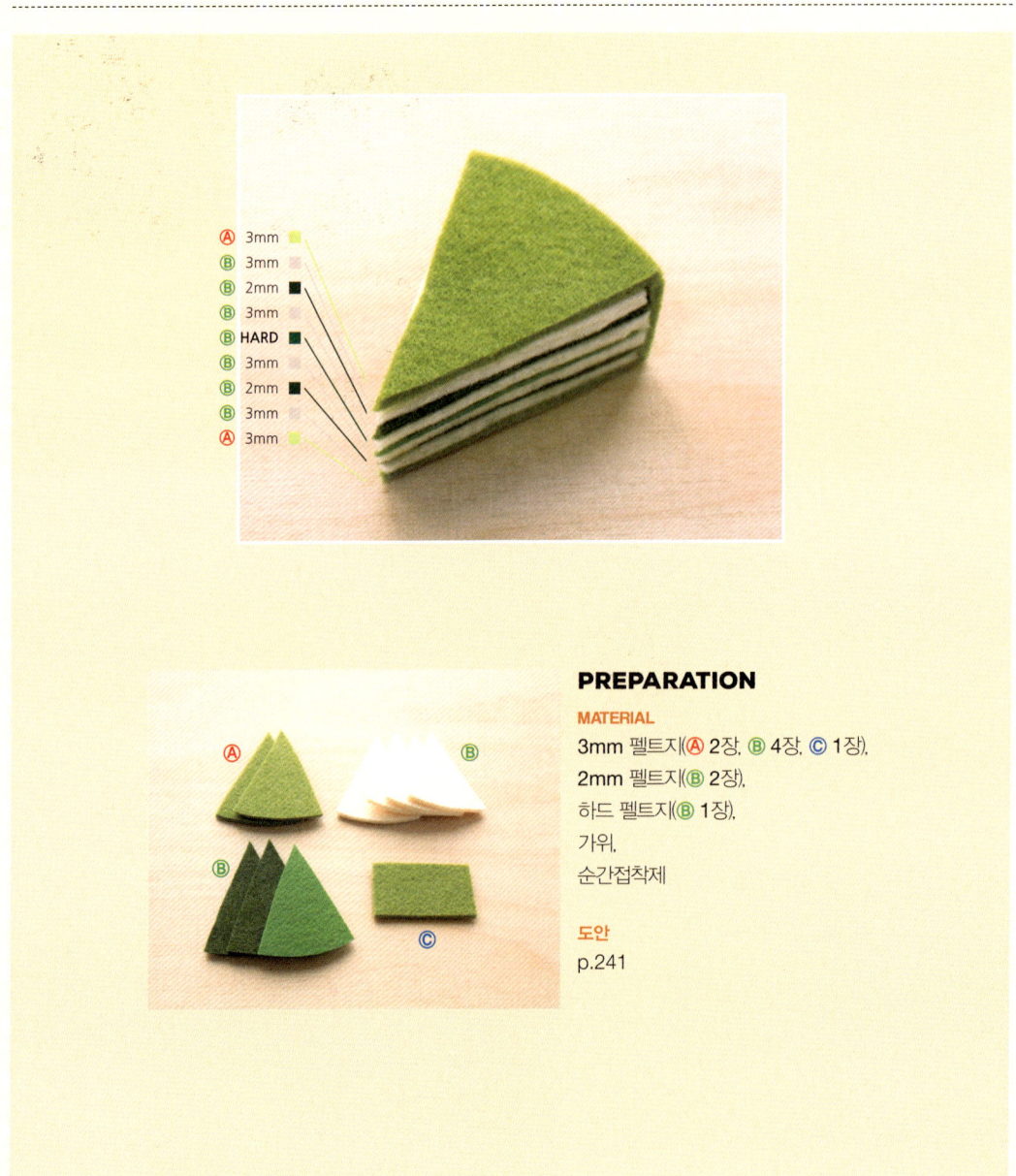

PREPARATION

MATERIAL
3mm 펠트지(Ⓐ 2장, Ⓑ 4장, Ⓒ 1장),
2mm 펠트지(Ⓑ 2장),
하드 펠트지(Ⓑ 1장),
가위,
순간접착제

도안
p.241

01
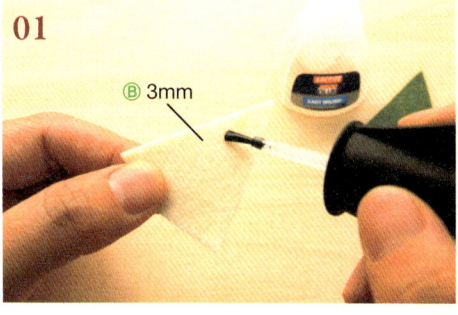
Ⓑ 3mm

02

Ⓑ 2mm

03
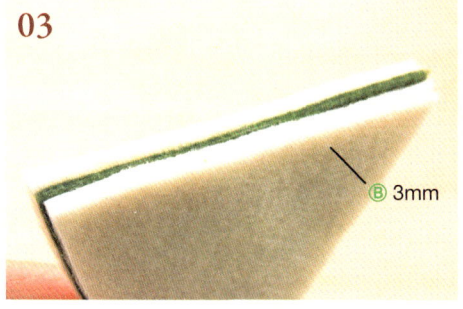
Ⓑ 3mm

04

Ⓑ HARD

05

Ⓑ 3mm

01 미색 3mm 펠트지(Ⓑ)에 순간접착제를 발라주세요.
TIP 순간접착제가 손에 닿지 않도록 주의하세요.

02 녹색 2mm 펠트지(Ⓑ)를 붙여주세요.

03 녹색 펠트지(Ⓑ)에 미색 펠트지(Ⓑ)를 하나 더 붙여주세요.

04 하드 펠트지(Ⓑ)를 붙여주세요.

05 하드 펠트지(Ⓑ)에 미색 펠트지(Ⓑ)를 하나 더 붙여주세요.

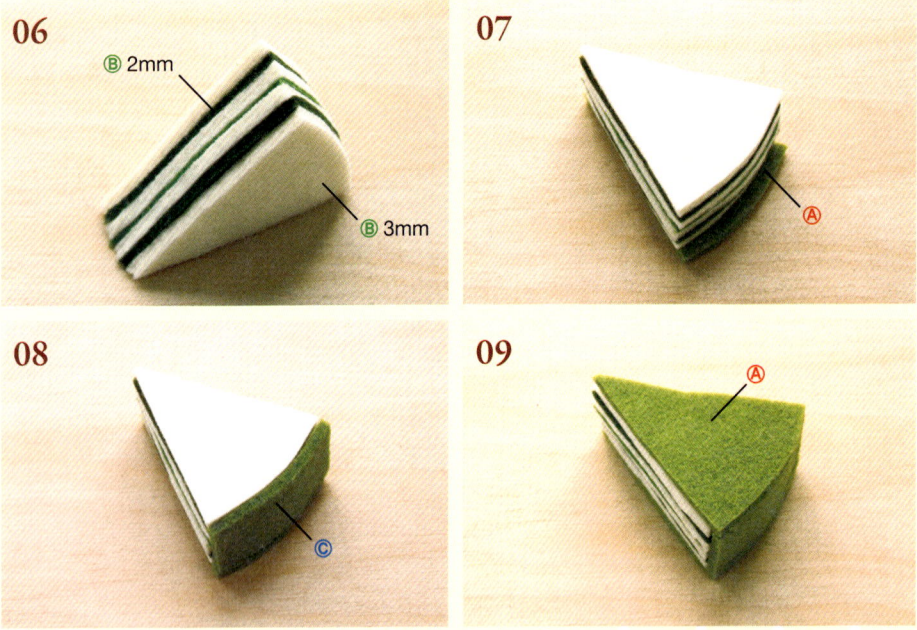

06 녹색과 미색 펠트지를 반복해서 붙여주면 조각 케이크 속이 완성돼요. (ⓑ3mm - ⓑ2mm - ⓑ 3mm - ⓑHARD - ⓑ3mm - ⓑ2mm - ⓑ3mm 순으로 각각의 펠트지를 붙여주세요.)

07 조각 케이크 속이 완성되면 밑부분에 녹색 3mm 펠트지(ⓐ)를 붙여주세요.

08 옆면이 될 녹색 펠트지(ⓒ)를 붙여주세요.

09 녹색 펠트지(ⓐ)를 윗면에 붙여주면 '조각 케이크 틀' 완성.

TIP 조각 케이크 틀은 글루건보다는 순간접착제로 붙여주어야 깔끔하게 나와요. 케이크 위의 데커레이션은 글루건을 사용하세요.

PREPARATION

MATERIAL
글루건, 글루스틱

NEEDS
조각 케이크 틀(128쪽),
미니 생크림(77쪽) 4개,
장식용 스티커(90쪽)

01 녹차 조각 케이크

HOW TO MAKE

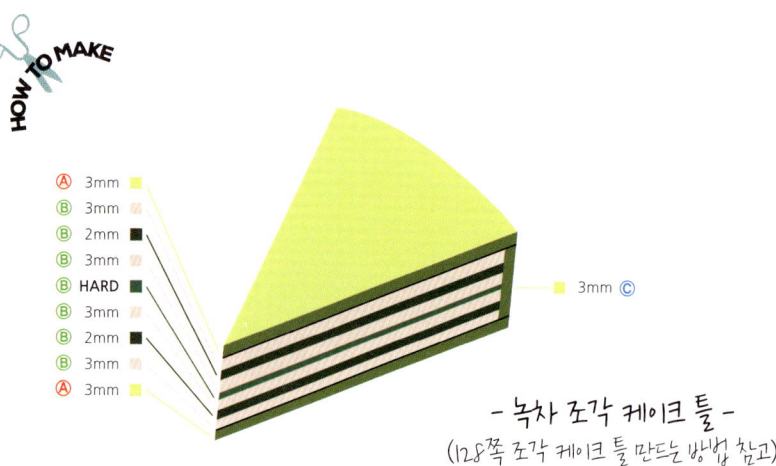

- Ⓐ 3mm
- Ⓑ 3mm
- Ⓑ 2mm
- Ⓑ 3mm
- Ⓑ HARD
- Ⓑ 3mm
- Ⓑ 2mm
- Ⓑ 3mm
- Ⓐ 3mm

■ 3mm Ⓒ

- 녹차 조각 케이크 틀 -
(128쪽 조각 케이크 틀 만드는 방법 참고)

미니 생크림(77쪽)의 바느질한 부분에 글루건을 소량 발라주세요.

TIP 글루건이 뜨거우니 손에 닿지 않도록 주의하세요.

미니 생크림을 조각 케이크 틀 옆면에 붙여주세요.

생크림을 모두 붙인 모습.

케이크 틀 위에 장식용 스티커(90쪽)를 붙여주세요. 글루건이 굳을 때까지 10초 정도 잡고 있어야 모양대로 붙어요.

사진처럼 비스듬하게 세워지도록 만들어주세요.

'녹차 조각 케이크' 완성.

PREPARATION

MATERIAL
미색 3mm 펠트지 Ⓐ 2장, 핑크 하드펠트지 Ⓐ 1장, 글루건, 글루스틱

NEEDS
라즈베리(36쪽) 7개, 장식용 나뭇잎(71쪽)

02
라즈베리
&
블루베리 조각 케이크

HOW TO MAKE

- Ⓐ 3mm
- Ⓐ HARD
- Ⓐ 3mm

- 라즈베리 & 블루베리 조각 케이크 틀 -
(128쪽 조각 케이크 틀 만드는 방법 참고)

01

순간접착제를 이용해서 조각 케이크 틀을 만들어 주세요.

TIP 순간접착제나 글루건이 손에 묻지 않도록 주의하세요.

02

미니 생크림(77쪽)을 조각 케이크의 가장자리에 글루건을 이용해서 붙여주세요.

03

조각 케이크 안쪽에 라즈베리(36쪽) 6개를 붙여주세요.

04

장식용 나뭇잎(71쪽)을 붙여주세요.

PART 3 한 입 베어 먹고픈 조각 케이크 · 135

05

장식용 나뭇잎 앞에 라즈베리를 하나 더 붙여주면 '라즈베리 조각 케이크' 완성.

TIP

컬러만 다르게 바꿔서 블루베리 조각 케이크를 만들 수 있어요.

PREPARATION

MATERIAL
미색 3mm 펠트지 Ⓐ 2장,
밝은 노란색 하드펠트지 Ⓐ 1장,
글루건, 글루스틱

NEEDS
슬라이스 아몬드(64쪽) 12개,
통 아몬드(61쪽) 1개,
장식용 나뭇잎(71쪽)

03

아몬드 조각 케이크

HOW TO MAKE

- Ⓐ 3mm
- Ⓐ HARD
- Ⓐ 3mm

- 아몬드 조각 케이크 틀 -
(128쪽 조각 케이크 틀 만드는 방법 참고)

01 순간접착제를 이용해서 조각 케이크 틀을 만들어 주세요.

TIP 순간접착제나 글루건이 손에 묻지 않도록 주의하세요.

02 사진처럼 붙여서 조각 케이크 틀을 만들어주세요. (미색 - 노란색 - 미색 펠트 순으로 붙여주세요.)

03 조각 케이크 틀 위에 슬라이스 아몬드(64쪽)를 붙여주세요. (아몬드의 사이가 살짝 겹치는 것이 예뻐요.)

04 슬라이스 아몬드를 모두 붙인 모습.

장식용 나뭇잎(71쪽)을 붙여주세요.

장식용 나뭇잎 앞에 통 아몬드(61쪽)를 붙여주면 '아몬드 조각 케이크' 완성.

PREPARATION

MATERIAL
글루건, 글루스틱

NEEDS
조각 케이크 틀(128쪽),
미니 생크림(77쪽) 4개,
기본 생크림(74쪽),
장식용 스티커(90쪽)

04
초콜릿 조각 케이크

Ⓐ 2mm
Ⓑ 3mm
Ⓑ HARD
Ⓑ 3mm
Ⓑ 2mm
Ⓑ 3mm
Ⓑ HARD
Ⓑ 3mm
Ⓐ 2mm

2mm Ⓒ

- 초콜릿 조각 케이크 틀 -
(128쪽 조각 케이크 틀 만드는 방법 참고)

01
미니 생크림(77쪽)의 바느질한 부분에 글루건을 소량 바른 후 조각 케이크 틀 옆면에 붙여주세요.
TIP 글루건이 뜨거우니 손에 묻지 않도록 주의하세요.

02
생크림을 모두 붙인 모습.

03
케이크 틀 위에 기본 생크림(74쪽)을 붙여주세요.

04
케이크 틀 위에 장식용 스티커(90쪽)를 붙여주면 '초콜릿 조각 케이크' 완성.

PREPARATION

MATERIAL
글루건, 글루스틱

NEEDS
조각 케이크 틀(128쪽),
길쭉한 생크림(79쪽),
커피빈(66쪽) 3개,
장식용 나뭇잎(71쪽)

05
커피 조각 케이크

HOW TO MAKE

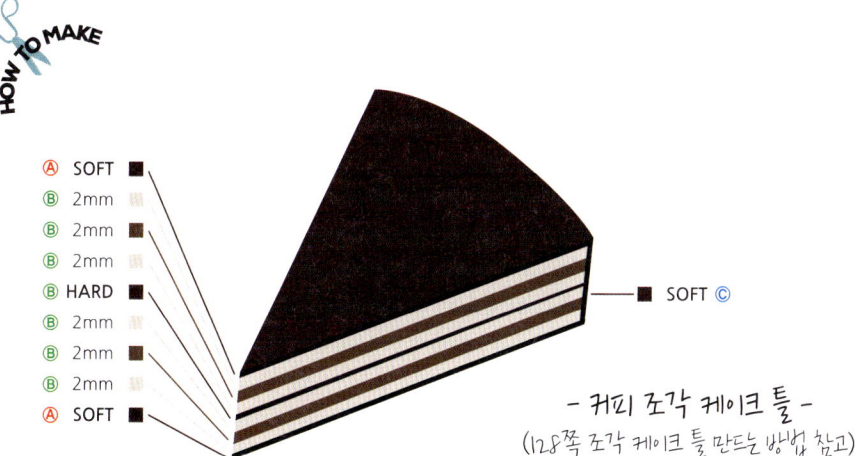

- Ⓐ SOFT
- Ⓑ 2mm
- Ⓑ 2mm
- Ⓑ 2mm
- Ⓑ HARD
- Ⓑ 2mm
- Ⓑ 2mm
- Ⓑ 2mm
- Ⓐ SOFT

■ SOFT Ⓒ

- 커피 조각 케이크 틀 -
(128쪽 조각 케이크 틀 만드는 방법 참고)

01 길쭉한 생크림(79쪽)의 바느질한 부분에 글루건을 소량 바른 후 조각 케이크 틀 옆면에 붙여주세요.

TIP 글루건이 뜨거우니 손에 묻지 않도록 주의하세요.

02 케이크 위에 장식용 나뭇잎(71쪽)을 붙여주세요.

03 장식용 나뭇잎 옆에 커피빈(66쪽)을 붙여주세요.

04 '커피 조각 케이크' 완성.

PREPARATION
MATERIAL
노란색 소프트펠트지(ⓑ 2장, ⓓ 1장), 순간접착제, 글루건, 글루스틱, 아이섀도, 브러시

NEEDS
조각 케이크 틀(128쪽), 쉘 생크림(85쪽), 장식용 스티커(90쪽)

06
치즈 조각 케이크

HOW TO MAKE

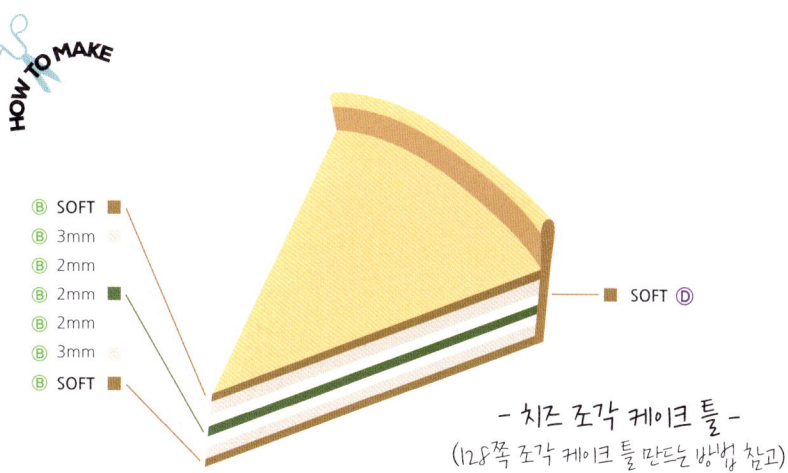

- Ⓑ SOFT
- Ⓑ 3mm
- Ⓑ 2mm
- Ⓑ 2mm
- Ⓑ 2mm
- Ⓑ 3mm
- Ⓑ SOFT
- SOFT Ⓓ

- 치즈 조각 케이크 틀 -
(128쪽 조각 케이크 틀 만드는 방법 참고)

01

도안대로 자른 노란색 소프트펠트지(Ⓑ)를 조각 케이크 틀 위아래에 순간접착제로 붙여주세요.

TIP 순간접착제나 글루건이 손에 묻지 않도록 주의하세요.

02

케이크 옆면에 붙일 노란색 소프트펠트지(Ⓓ)를 도안대로 잘라주세요. (241쪽 도안 사용)

03

순간접착제를 바른 후 접는 방향으로 반을 접어주세요.

04

조각 케이크의 옆면에 순간접착제를 이용해서 붙여주세요.

케이크의 윗면과 옆면에 갈색 아이섀도를 칠해주세요.

아이섀도를 칠한 모습.

쉘 생크림(85쪽)을 글루건을 이용해서 붙여주세요.

장식용 스티커(90쪽)를 붙여주면 '치즈 조각 케이크' 완성.

PREPARATION

MATERIAL
글루건, 글루스틱

NEEDS
조각 케이크 틀(128쪽), 길쭉한 생크림(79쪽),
두 개의 체리(54쪽) 2개,
장식용 나뭇잎(71쪽)

07
체리 조각 케이크

HOW TO MAKE

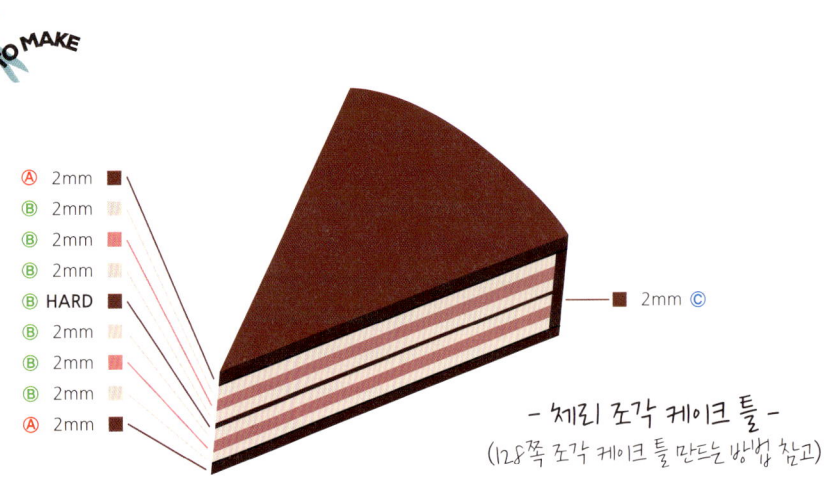

- Ⓐ 2mm
- Ⓑ 2mm
- Ⓑ 2mm
- Ⓑ 2mm
- Ⓑ HARD
- Ⓑ 2mm
- Ⓑ 2mm
- Ⓐ 2mm

■ 2mm Ⓒ

- 체리 조각 케이크 틀 -
(128쪽 조각 케이크 틀 만드는 방법 참고)

01

길쭉한 생크림(79쪽)의 바느질한 부분에 글루건을 소량 바른 후 조각 케이크 틀 옆면에 붙여주세요.

TIP 글루건이 뜨거우니 손에 묻지 않도록 주의하세요.

02

케이크 위에 장식용 나뭇잎(71쪽)을 붙여주세요.

03

꼭지가 붙어 있는 두 개의 체리(54쪽)를 붙여주세요.

04

'체리 조각 케이크' 완성.

PART 3에서 만든 모든 조각 케이크 모습

PART 3 한 입 베어 먹고픈 조각 케이크

PART 4
예쁜 디저트 타르트

바삭바삭한 파이지 위에 듬뿍 올라간 형형색색의 과일들.
한 입 베어 물면 와사삭하고 부서질 것 같은 예쁜 타르트에요.
보는 것만으로도 달콤함이 느껴지는 타르트는 여러 데커레이션으로 다양한
타르트로 탄생시킬 수 있어요.
먹음직스러운 타르트들을 보면 자연스레 티파티를 하고 싶어져요.
화려한 타르트는 눈을 즐겁게 하고 맛있는 상상을 할 수 있어 더욱 좋아요.

— 타르트 틀 만들기 —

01 사과 타르트
02 스트로베리 체리 타르트
03 청포도 타르트
04 키위 타르트
05 라즈베리 타르트 & 블루베리 타르트
06 레몬 타르트 & 오렌지 타르트
07 귤 타르트
08 딸기 타르트
09 과일 타르트

타르트 틀 만들기

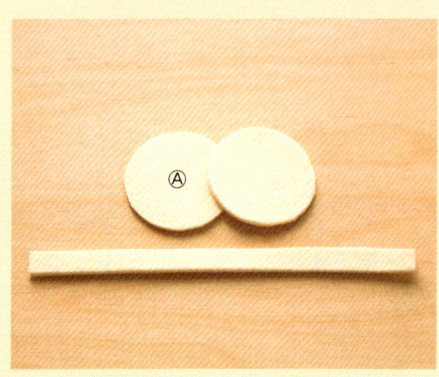

PREPARATION

MATERIAL
3mm 펠트지(2장 또는 3장), 기화성펜(또는 수성펜), 가위, 글루건, 글루스틱, 아이섀도, 브러시

도안
p.243

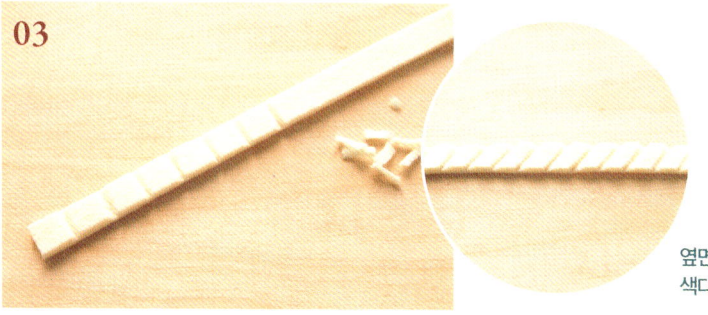

옆면을 사선으로 자르면
색다른 타르트 틀이 완성됩니다.

01 도안대로 타르트 원형 2장과 옆면 1장을 재단해주세요. 수성펜으로 옆면을 1cm 간격으로 그려주세요. (243쪽 도안 사용)

02 수성펜으로 그린 부분을 접은 후 가위로 선을 약간만 잘라주세요.

03 펠트지 위에 선이 생기도록 조심해서 잘라주는 것이 포인트.

04 선을 자르면 사진처럼 펠트지에 홈이 생기면서 타르트 틀의 모양이 됩니다.

05 글루건을 이용해서 타르트 원형 2장을 붙여주세요.

PART 4 예쁜 디저트 타르트 153

06 2장을 모두 붙인 모습.

07 2겹으로 붙인 펠트 옆면에 글루건을 조금 발라주세요.

08 타르트 옆면을 둘러가며 붙여주세요.

09 옆면을 붙여주고 남은 부분은 잘라주세요. (2mm 이상의 펠트지는 두께 때문에 재단 할 때 개인 차가 있으므로 옆면을 넉넉히 재단해주세요.)

10 타르트 틀의 윗면과 옆면에 갈색 아이섀도를 골고루 발라주세요.

11 먹음직스러운 '타르트 틀' 완성.

TIP 3겹 타르트 틀 : 만들고자 하는 타르트에 따라서 3장을 겹쳐서 두껍게 만들기도 해요. 따라서 이 과정에서 한 장을 더 붙여준 타르트 틀을 '3겹 타르트 틀'로 정해서 표기해 두었어요.

PREPARATION

MATERIAL
3mm 펠트지(3겹 타르트 틀 - Ⓐ),
3mm 펠트지(작은 원형 2장 - Ⓑ),
글루건, 글루스틱

NEEDS
슬라이스 사과(46쪽) 9개, 장식용 나뭇잎(71쪽),
장식용 스티커(90쪽)

01
사과 타르트

HOW TO MAKE

01

타르트 틀을 만들 3mm 펠트지 3장을 도안대로 잘라서 글루건으로 붙여주세요. (152쪽 타르트 틀 만들기 참고)

TIP 글루건이 뜨거우니 손에 닿지 않도록 주의하세요.

02

타르트 원형에 옆면을 붙여주세요.

03

타르트 틀 위와 옆면에 아이섀도를 골고루 발라주세요.

04

타르트 틀 가운데 부분에는 재단한 작은 원형 펠트지를 2장 겹쳐서 붙여주세요.

05

글루건으로 슬라이스 사과(46쪽)를 붙여주세요.

06

슬라이스 사과 3개를 간격에 맞춰서 붙여준 모습.

156　벨라디아의 펠트 케이크

가운데 부분에 공간이 조금 남도록 슬라이스 사과를 붙여주세요.

장식용 스티커(90쪽)를 붙여주세요.

장식용 나뭇잎을 붙여주면 '사과 타르트' 완성.

PREPARATION

MATERIAL
글루건, 글루스틱

NEEDS
타르트 틀(152쪽), 슬라이스 딸기(33쪽) 6개,
체리(54쪽) 7개, 장식용 나뭇잎(71쪽) 3개

02
스트로베리 체리 타르트

01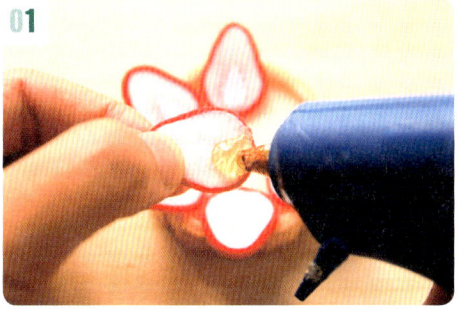

타르트 틀(152쪽) 위에 임시로 슬라이스 딸기(33쪽)의 모양을 잡아서 올려놓은 후 글루건을 이용해서 하나씩 붙여주세요.

TIP 글루건이 뜨거우니 손에 닿지 않도록 주의하세요.

02

슬라이스 딸기를 모두 붙인 모습.

03

타르트 틀의 가운데 부분에 체리(54쪽)를 하나 붙여주세요.

04

가운데 체리를 중심으로 나머지 체리도 모두 붙여주세요.

05

장식용 나뭇잎(71쪽)을 붙여주면 '스트로베리 체리 타르트' 완성.

PREPARATION

MATERIAL
글루건, 글루스틱

NEEDS
타르트 틀(152쪽), 청포도 알(57쪽) 14개,
장식용 스티커(90쪽)

03

청포도 타르트

01

타르트 틀(152쪽) 가운데에 청포도 알(57쪽) 4개를 글루건으로 붙여주세요.

TIP 글루건이 뜨거우니 손에 닿지 않도록 주의하세요.

02

타르트 틀에 청포도 알을 모두 채워서 붙여주세요. 청포도의 색을 섞어서 배치해주는 것이 포인트.

03

장식용 스티커(90쪽)를 붙여주면 '청포도 타르트' 완성.

PREPARATION
MATERIAL
3mm 펠트지(3겹 타르트 틀 - Ⓐ),
3mm 펠트지 (작은 원형 2장 - Ⓑ),
글루건, 글루스틱

NEEDS
키위(39쪽) 9개,
장식용 나뭇잎(71쪽),
장식용 스티커(90쪽)

04 키위 타르트

01

3mm 펠트지를 도안대로 잘라 3장을 겹쳐서 붙이고 옆면을 붙여서 타르트 틀을 완성하세요. (152쪽 타르트 틀 만들기 참고)

TIP 글루건이 뜨거우니 손에 닿지 않도록 주의하세요.

02

타르트 틀 가운데 부분에 재단한 작은 원형 펠트를 2장 겹쳐서 붙여주세요.

03

반쪽 키위(39쪽)를 간격에 맞춰서 글루건으로 붙여주세요.

04

키위를 모두 붙인 모습.

05

가운데 부분에 장식용 스티커(90쪽)를 붙여주세요.

06

장식용 나뭇잎(71쪽)을 붙여주면 '키위 타르트' 완성.

PREPARATION

MATERIAL
글루건, 글루스틱

NEEDS
타르트 틀(152쪽),
라즈베리(36쪽) 14개,
장식용 나뭇잎(71쪽)

05

라즈베리 타르트
&
블루베리 타르트

01

타르트 틀(152쪽) 가운데에 라즈베리(36쪽) 4개를 붙여주세요.

TIP 글루건이 뜨거우니 손에 닿지 않도록 주의하세요.

02

타르트 틀에 라즈베리를 모두 채워주세요. 라즈베리의 색을 섞어서 배치해주는 것이 포인트.

03

장식용 나뭇잎(71쪽)을 붙여주면 '라즈베리 타르트' 완성.

TIP

라즈베리 대신 블루베리를 올려주면 블루베리 타르트가 됩니다.

PART 4 예쁜 디저트 타르트

06
레몬 타르트 & 오렌지 타르트

PREPARATION

MATERIAL
3mm 펠트지(작은 원형 2장 - ⓑ),
글루건, 글루스틱

NEEDS
타르트 틀(152쪽),
레몬(44쪽) 8개,
장식용 나뭇잎(71쪽),
장식용 스티커(90쪽)

HOW TO MAKE

01 옆면을 사선으로 자른 타르트 틀(152쪽)을 만들어주세요.

02 타르트 틀 가운데 부분에 재단한 작은 원형 펠트를 2장 겹쳐서 붙여주세요.

TIP 글루건이 뜨거우니 손에 닿지 않도록 주의하세요.

03 레몬(44쪽)을 간격에 맞춰서 글루건으로 붙여주세요.

04 레몬을 모두 붙인 모습.

05 가운데 부분에 장식용 스티커(90쪽)를 붙여주세요.

06 장식용 나뭇잎(71쪽)을 붙여주면 '레몬 타르트' 완성. *오렌지(44쪽)를 올려주면 오렌지 타르트'가 돼요.

07 귤 타르트

PREPARATION

MATERIAL
3mm 펠트지(작은 원형 1장 - Ⓑ),
글루건, 글루스틱

NEEDS
타르트 틀(152쪽),
귤(52쪽) 8개,
장식용 나뭇잎(71쪽)

01

타르트 틀(152쪽) 가운데 부분에 재단한 작은 원형 펠트를 붙여주세요.

TIP 글루건이 뜨거우니 손에 닿지 않도록 주의하세요.

02

귤(52쪽)을 간격에 맞춰서 글루건으로 붙여주세요.

03

귤을 모두 붙인 모습.

04

장식용 나뭇잎(71쪽)을 붙여주면 '귤 타르트' 완성.

08 딸기 타르트

PREPARATION

MATERIAL
글루건, 글루스틱

NEEDS
타르트 틀(152쪽),
기본 생크림(74쪽),
통 딸기(30쪽) 8개,
장식용 나뭇잎(71쪽)

01

글루건으로 타르트 틀(152쪽) 가운데에 기본 생크림(74쪽)을 붙여주세요.

TIP 글루건이 뜨거우니 손에 닿지 않도록 주의하세요.

02

통 딸기(30쪽)를 간격에 맞춰서 글루건으로 붙여주세요.

03

딸기를 모두 붙인 모습.

04

장식용 나뭇잎(71쪽)을 붙여주면 '딸기 타르트' 완성.

PREPARATION

MATERIAL
글루건, 글루스틱

NEEDS
타르트 틀(152쪽)
(245쪽 A-1, 사선 3mm 도안 사용),
통 딸기(30쪽) 3개,
귤(52쪽) 2개, 키위(39쪽) 2개,
블루베리(36쪽) 2개,
기본 생크림(74쪽),
메론 껍질(48쪽),
오렌지(44쪽),
장식용 나뭇잎(71쪽)

09 과일 타르트

글루건으로 타르트 틀(152쪽)의 안쪽 가장자리에 통 딸기(30쪽) 3개를 나란히 붙여주세요.

TIP 글루건이 뜨거우니 손에 닿지 않도록 주의하세요.

딸기 옆에 메론 껍질(48쪽)을 붙여주세요.

가운데 부분에 기본 생크림(74쪽)을 붙여주세요.

생크림 왼쪽에 오렌지(44쪽)를 붙여주세요.

오렌지 밑 부분에 반쪽 키위(39쪽) 2개를 붙여주세요.

메론 밑 부분에 귤(52쪽) 2개를 붙여주세요.

PART 4 예쁜 디저트 타르트 173

07

색이 다른 블루베리(36쪽) 2개를 붙여주세요.

08

생크림 위에 장식용 나뭇잎(71쪽)을 붙여주면 '과일 타르트' 완성.

PART 5
폭신폭신 부드럽고 향긋한 머핀

✂

한 입 베어 물면 부드럽고 향긋한 향이 입 안 가득 퍼질 것 같은
머핀이에요.
살짝 부풀어 오른 아메리칸 스타일의 머핀들이 눈을 행복하게 만들어요.
펠트지를 염색해서 만드는 머핀은 실제 머핀처럼 보여서 '펠트로 만든
머핀이에요.'라고 말하지 않으면 덥석 먹어 버릴지도 모를 만큼
정말 먹음직스러워요.

― 머핀 염색하기 & 머핀 틀 만들기 ―

01 블루베리 & 라즈베리 머핀

02 아몬드 머핀

03 커피 머핀

04 바나나 머핀

05 스트로베리 머핀

06 단호박 머핀

07 초콜릿 스틱 머핀

머핀 염색하기 & 머핀 틀 만들기

PREPARATION
MATERIAL
2mm 펠트지(Ⓐ 머핀 받침, Ⓑ 작은 원형), 소프트펠트(Ⓒ 머핀 빵), 염색물감, 투명사, 바늘, 가위, 방울솜, 스펀지, 수성펜, 아이섀도, 브러시

도안
p.247

머핀 염색하기

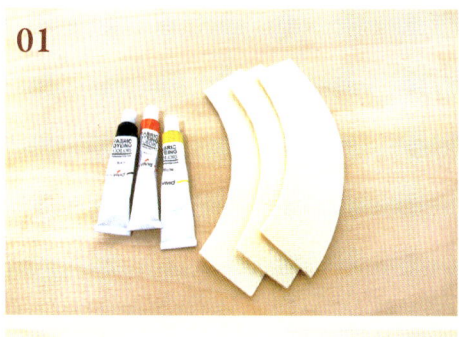

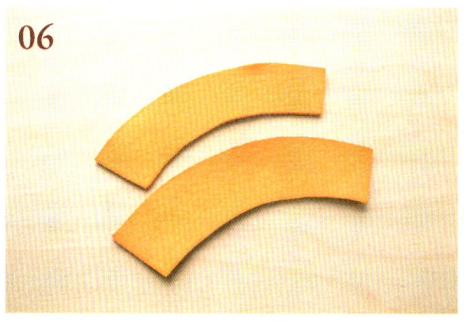

01 2mm 펠트지(Ⓐ)를 도안대로 재단하고 염색물감을 준비해주세요.

02 팔레트로 사용할 통에 검은색 조금, 노란색, 주황색을 적당히 넣어주세요.

03 물과 함께 섞어서 황토색으로 만들어주세요.

04 준비한 펠트지를 적셔주세요.

05 살짝 물기를 짠 후 12시간 정도 건조시켜주세요. (건조 시간은 계절이나 날씨에 따라 변동이 생길 수 있어요.)

06 건조되면 색이 진해지는데 완전히 건조되기 전에 다음 단계를 진행해야 해요.

07 0.7cm 간격으로 접어주세요.

08 접힌 부분을 가위로 살짝 오려주세요. (너무 깊게 자르지 않도록 주의하세요.)

09 가위로 오려가며 머핀 옆면의 무늬를 만들어주세요.

10 다 잘라준 모습. 무늬의 간격과 줄 모양은 일정하지 않아도 괜찮아요. 머핀을 완성 했을 때 더 자연스럽게 보여요.

TIP 머핀 염색하기의 모든 과정을 마쳤으면 흐르는 물에 헹궈서 원하는 색으로 조절해주세요. 하루정도 완전히 말려서 건조시켜주세요. 완전히 건조가 되면 색이 고착되어 색의 농도 조절을 할 수 없으니 주의해주세요.

머핀 틀 만들기

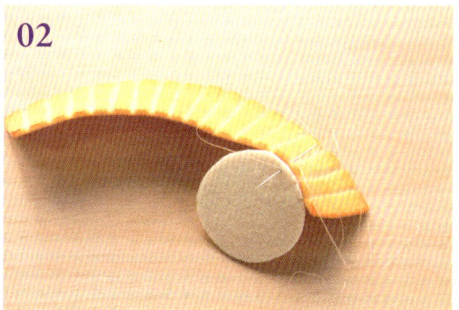

01 미리 염색한 머핀 옆면을 준비하고 나머지 펠트지도 도안대로 재단해주세요.

02 (머핀의 밑면이 될) 작은 원형 펠트와 머핀 받침의 밑면을 투명사로 **버튼홀스티치** 해주세요. 머핀 옆면 줄 사이의 간격에 맞춰서 바느질해주면 깔끔하게 나와요. (24쪽 버튼홀스티치 참고)

03 머핀 받침의 옆면도 **버튼홀스티치**해주세요.

04 완성된 머핀 틀.

05 소프트 펠트지를 도안대로 자른 후 가운데 부분에 수성펜으로 선을 그어주세요. 꼭 도안대로 선을 그리지 않아도 좋아요. 다양하게 무늬를 넣으면 더 자연스럽게 완성할 수 있어요.

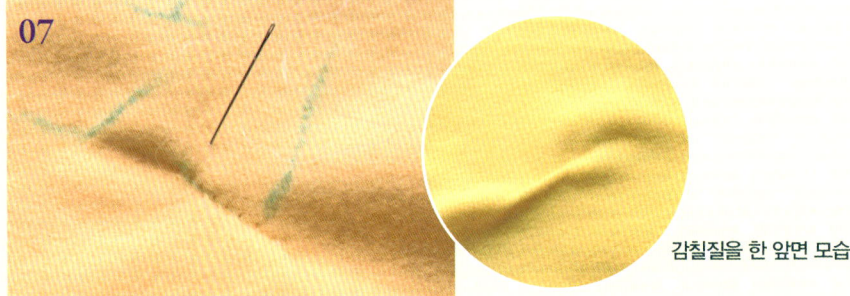

감칠질을 한 앞면 모습

06 선을 중심으로 양옆으로 한 땀씩 **감칠질**해주세요. 이때 바늘땀이 원단의 앞면에 보이지 않도록 얇게 땀을 떠서 바느질해주세요. (24쪽 감칠질 참고)

07 **감칠질**해서 실을 잡아당긴 모습.

08 선을 따라 모두 **감칠질**해주세요.

09 앞면이 보이도록 뒤집어주세요.

10 원의 둘레를 따라서 **홈질**해주세요. (23쪽 홈질 참고)

11 실을 잡아당겨서 동그란 모양으로 만들고 매듭을 지어주세요.

12 방울솜을 적당히 넣어주세요.

13 바느질 선을 따라 수성펜이 묻어날 경우 물로 지우고 건조시켜주세요.

   TIP '받침을 붙이지 않는' 머핀 : 만들고자하는 머핀에 따라서 빵과 받침을 나중에 붙이기도 해요. 따라서 이 과정까지를 '받침을 붙이지 않는' 머핀으로 정해서 표기해 두었어요.

14 스펀지를 머핀 틀의 크기에 맞춰서 잘라주세요. 높이는 머핀 틀 보다 낮도록 잘라주세요.

15 머핀 틀에 스펀지를 넣어준 모습.

16 머핀 틀에 스펀지와 머핀을 글루건으로 붙여주세요.
TIP 글루건이 뜨거우니 손에 닿지 않도록 주의하세요.

17 바느질해준 선을 따라 갈색 아이섀도를 칠해주세요.

18 먹음직스러운 '머핀' 완성.

PREPARATION

MATERIAL
글루건, 글루스틱

NEEDS
머핀(178쪽), 블루베리(36쪽) 3개,
장식용 나뭇잎(71쪽)

01

블루베리
&
라즈베리 머핀

01

178쪽 '머핀 염색하기 & 머핀 틀 만들기'로 머핀을 만들어주세요.

02

머핀 중앙에 블루베리(36쪽) 3개를 글루건으로 붙여주세요.

TIP 글루건이 뜨거우니 손에 닿지 않도록 주의하세요.

03

블루베리 사이에 장식용 나뭇잎(71쪽)을 붙여주면 '블루베리 머핀' 완성.

TIP

머핀 위에 라즈베리(36쪽)를 올려주면 '라즈베리 머핀'이 완성됩니다.

PART 5 폭신폭신 부드럽고 향긋한 머핀

PREPARATION
MATERIAL
글루건, 글루스틱

NEEDS
머핀(178쪽), 통 아몬드(61쪽) 2개,
장식용 나뭇잎(71쪽)

02
아몬드 머핀

01

178쪽 '머핀 염색하기 & 머핀 틀 만들기'로 머핀을 만들어주세요.

02

머핀 중앙에 통 아몬드(61쪽) 2개를 글루건으로 붙여주세요.

TIP 글루건이 뜨거우니 손에 닿지 않도록 주의하세요.

03

아몬드 사이에 장식용 나뭇잎(71쪽)을 붙여주면 '아몬드 머핀' 완성.

PREPARATION
MATERIAL
글루건, 글루스틱

NEEDS
'받침을 붙이지 않은' 머핀(178쪽),
커피빈(66쪽) 6개,
장식용 나뭇잎(71쪽),
장식용 스티커(90쪽)

03 커피 머핀

01 178쪽 '받침을 붙이지 않은' 머핀을 만든 후 빵의 주름 잡힌 부분에 커피빈(66쪽)을 투명사로 바느질해서 고정시켜주세요.

02 커피빈을 모두 고정시킨 모습.

03 글루건을 이용해서 스펀지를 머핀 틀에 붙여주세요.

TIP 글루건이 뜨거우니 손에 닿지 않도록 주의하세요.

04 글루건으로 머핀 틀에 머핀을 붙여주세요.

05 중앙에 장식용 스티커(90쪽)를 붙여주세요.

06 스티커 밑에 장식용 나뭇잎(71쪽)을 붙여주면 '커피 머핀' 완성. 스티커와 나뭇잎, 커피빈이 중앙에 오도록 해주면 더욱 예뻐요.

PREPARATION

MATERIAL
글루건, 글루스틱

NEEDS
머핀(178쪽), 바나나(42쪽) 2개,
장식용 나뭇잎(71쪽)

04
바나나 머핀

01

178쪽 '머핀 염색하기 & 머핀 틀 만들기'로 머핀을 만들어주세요.

02

머핀 위에 장식용 나뭇잎(71쪽)을 글루건으로 붙여주세요.

TIP 글루건이 뜨거우니 손에 닿지 않도록 주의하세요.

03

바나나(42쪽)를 붙여주면 '바나나 머핀' 완성.

PREPARATION

MATERIAL
글루건, 글루스틱

NEEDS
머핀(178쪽), 통 딸기(30쪽),
동그란 생크림(82쪽),
장식용 나뭇잎(71쪽)

05
스트로베리 머핀

01

178쪽 '머핀 염색하기 & 머핀 틀 만들기'로 머핀을 만들어주세요.

02

머핀 위에 동그란 생크림(82쪽)을 글루건으로 붙여주세요.

TIP 글루건이 뜨거우니 손에 닿지 않도록 주의하세요.

03

생크림 위에 장식용 나뭇잎(71쪽)을 붙여주세요.

04

통 딸기(30쪽)를 붙여주면 '스트로베리 머핀' 완성.

PREPARATION

MATERIAL
투명사, 바늘, 가위, 글루건, 글루스틱

NEEDS
'받침을 붙이지 않은' 머핀(178쪽),
단호박(59쪽) 6~7개,
장식용 나뭇잎(71쪽),
장식용 스티커(90쪽)

06

단호박 머핀

01
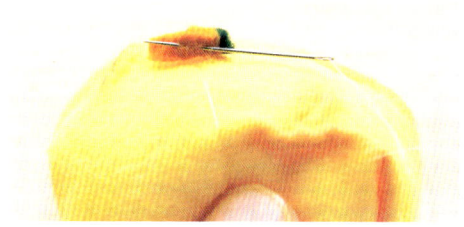

178쪽 '받침을 붙이지 않은' 머핀을 만든 후 빵 위에 단호박(59쪽)을 투명사로 바느질해서 고정시켜주세요.

02

단호박을 6~7개 정도를 바느질해준 모습.

03

글루건을 이용해서 스펀지를 머핀 틀에 붙여주세요.

TIP 글루건이 뜨거우니 손에 닿지 않도록 주의하세요.

04

머핀 틀에 머핀 빵을 붙여주세요.

05

중앙에 장식용 스티커(90쪽)를 붙여주세요.

06

스티커 밑에 장식용 나뭇잎(71쪽)을 붙여주면 '단호박 머핀' 완성.

PREPARATION

MATERIAL
글루건, 글루스틱

NEEDS
머핀(178쪽), 초콜릿 스틱(68쪽) 2개,
장식용 나뭇잎(71쪽)

07

초콜릿 스틱 머핀

01

178쪽 '머핀 염색하기 & 머핀 틀 만들기'로 머핀을 만들어주세요.

02

머핀 중앙에 초콜릿 스틱(68쪽) 2개를 글루건으로 붙여주세요.

TIP 글루건이 뜨거우니 손에 닿지 않도록 주의하세요.

03

초콜릿 스틱 옆에 장식용 나뭇잎(71쪽)을 붙여주면 '초콜릿 스틱 머핀' 완성.

PART 5 폭신폭신 부드럽고 향긋한 머핀   199

도안 모음

도안 사용법

도안은 실제 사이즈로 수록하였습니다.
도안을 1:1로 복사하여 사용하거나
직접 오려서 사용하셔도 좋습니다.
재단선을 따라 오린 후 원단 위에 올려놓고
수성펜이나 기화성 펜으로
그려서 만드세요.

PART 1

01 통 딸기

3mm	3mm 펠트지
2mm	2mm 펠트지
HARD	하드펠트지
SOFT	소프트펠트지

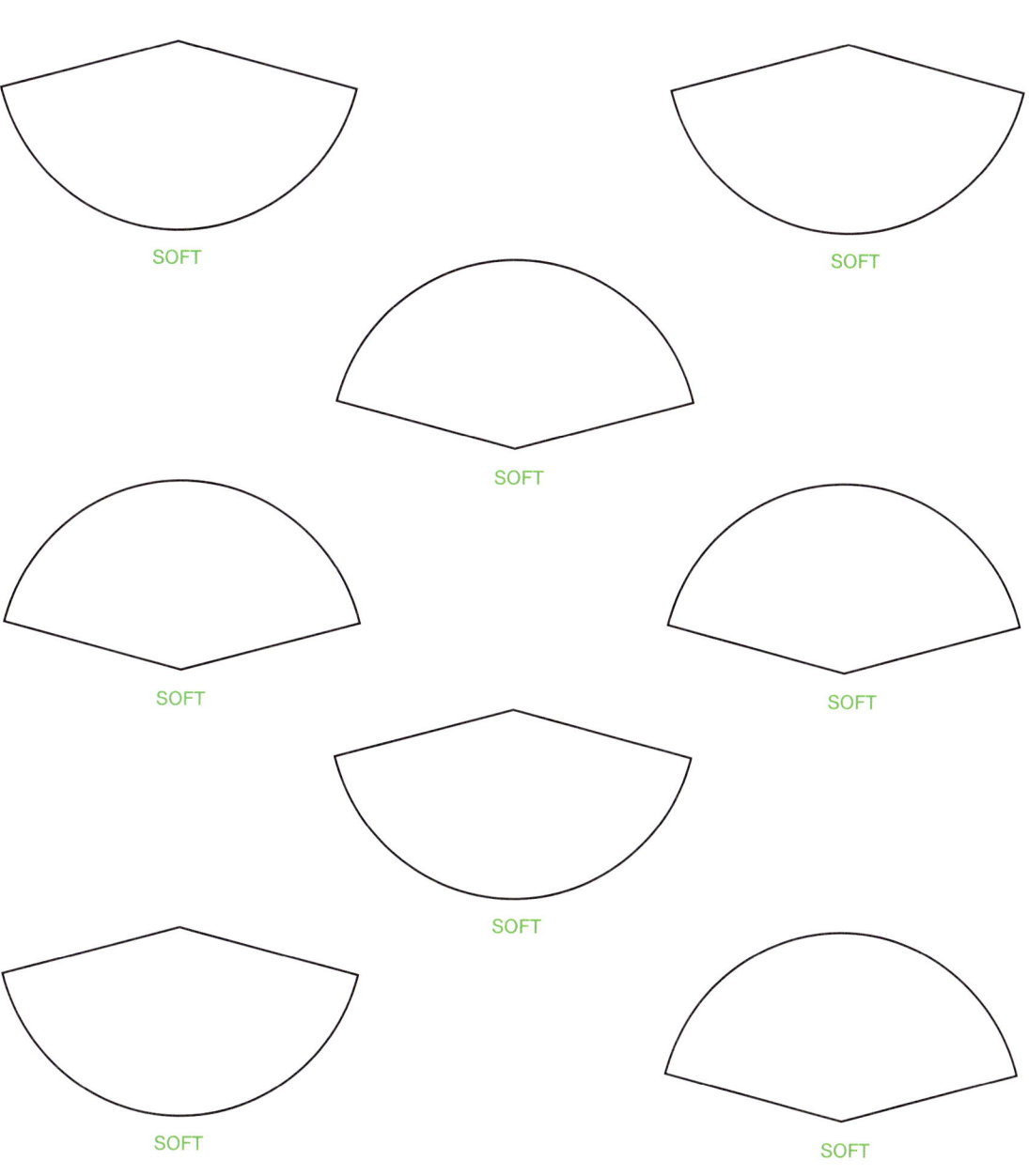

도안 모음 201

02 슬라이스 딸기

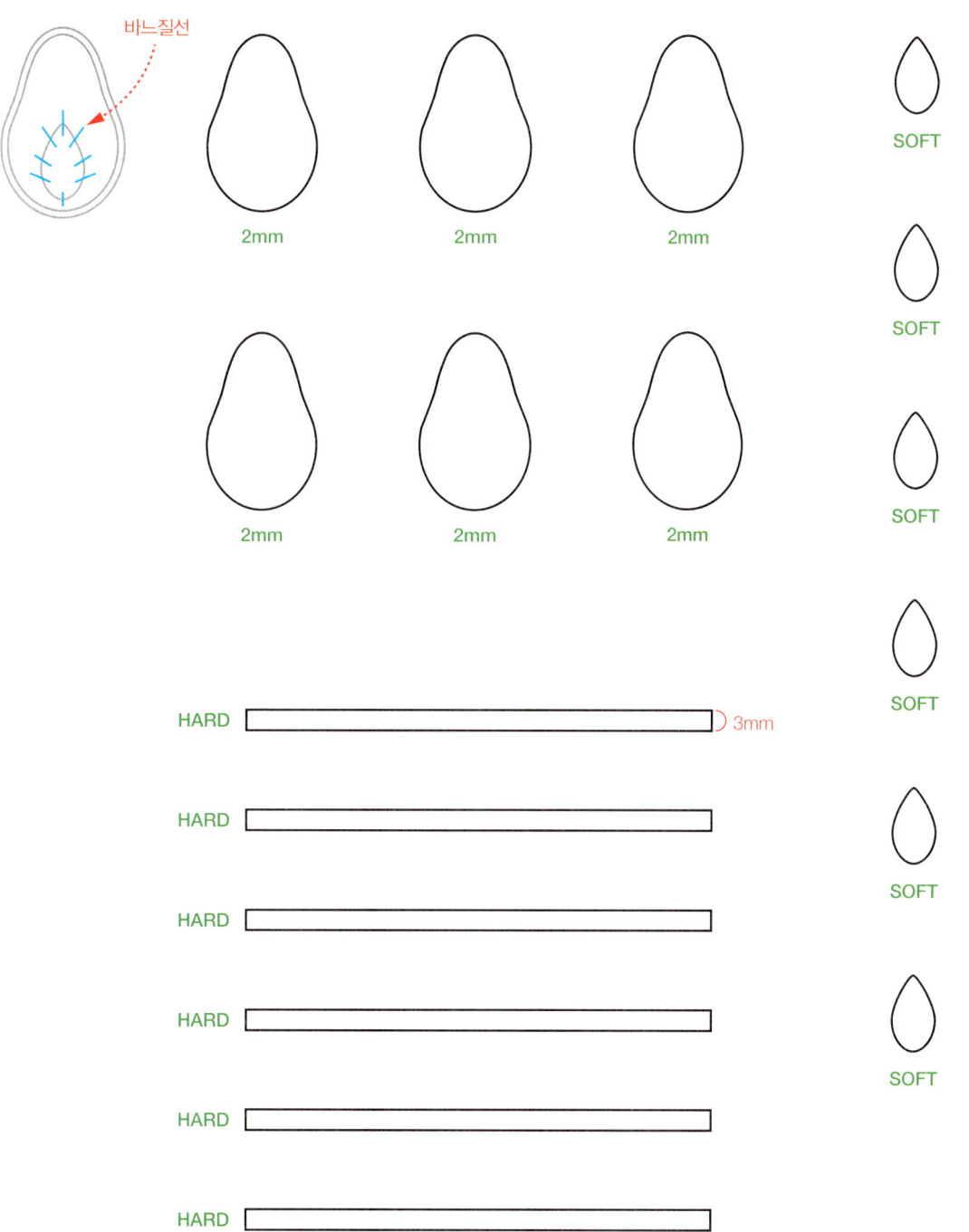

03 블루베리 & 라즈베리

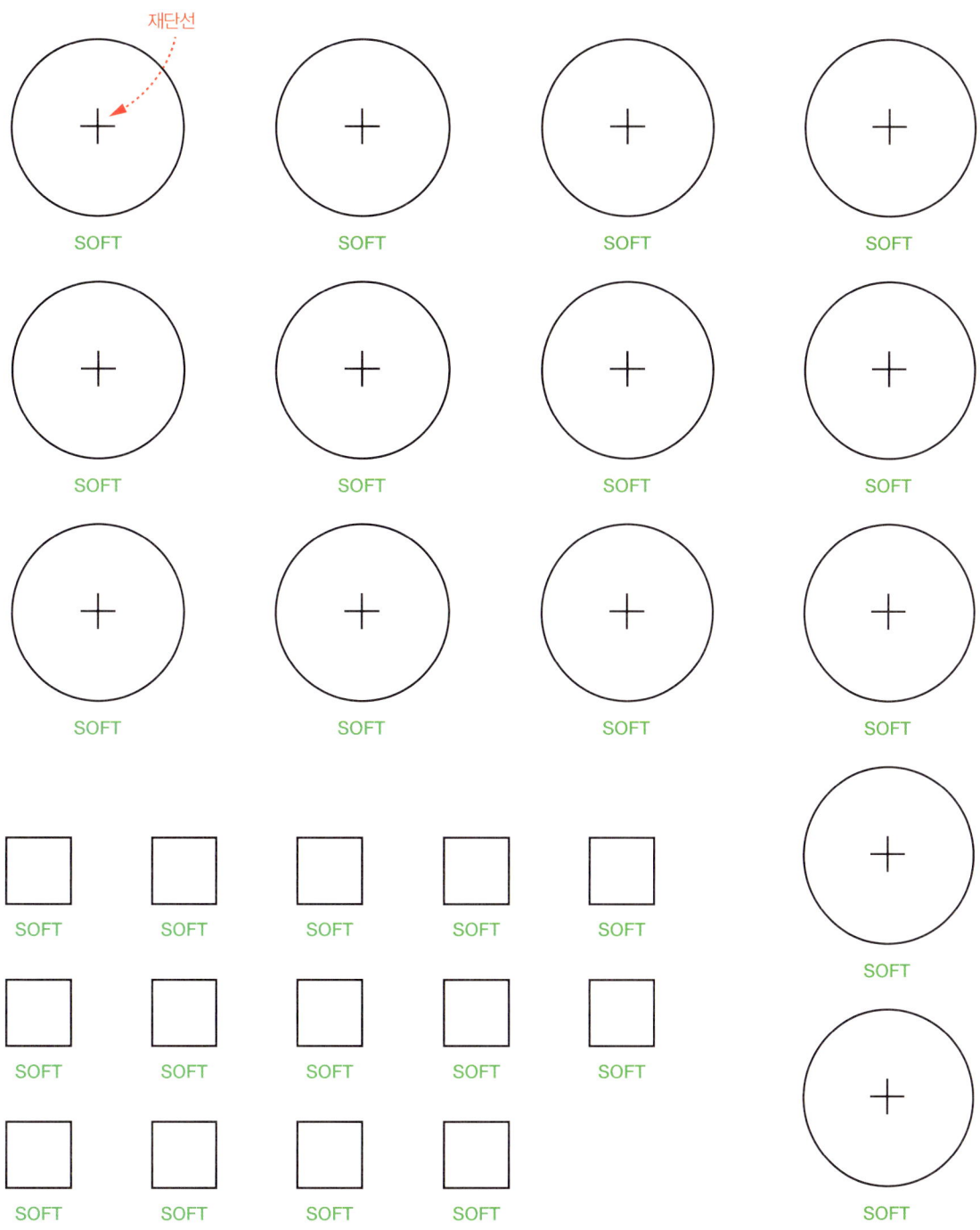

04 귀위

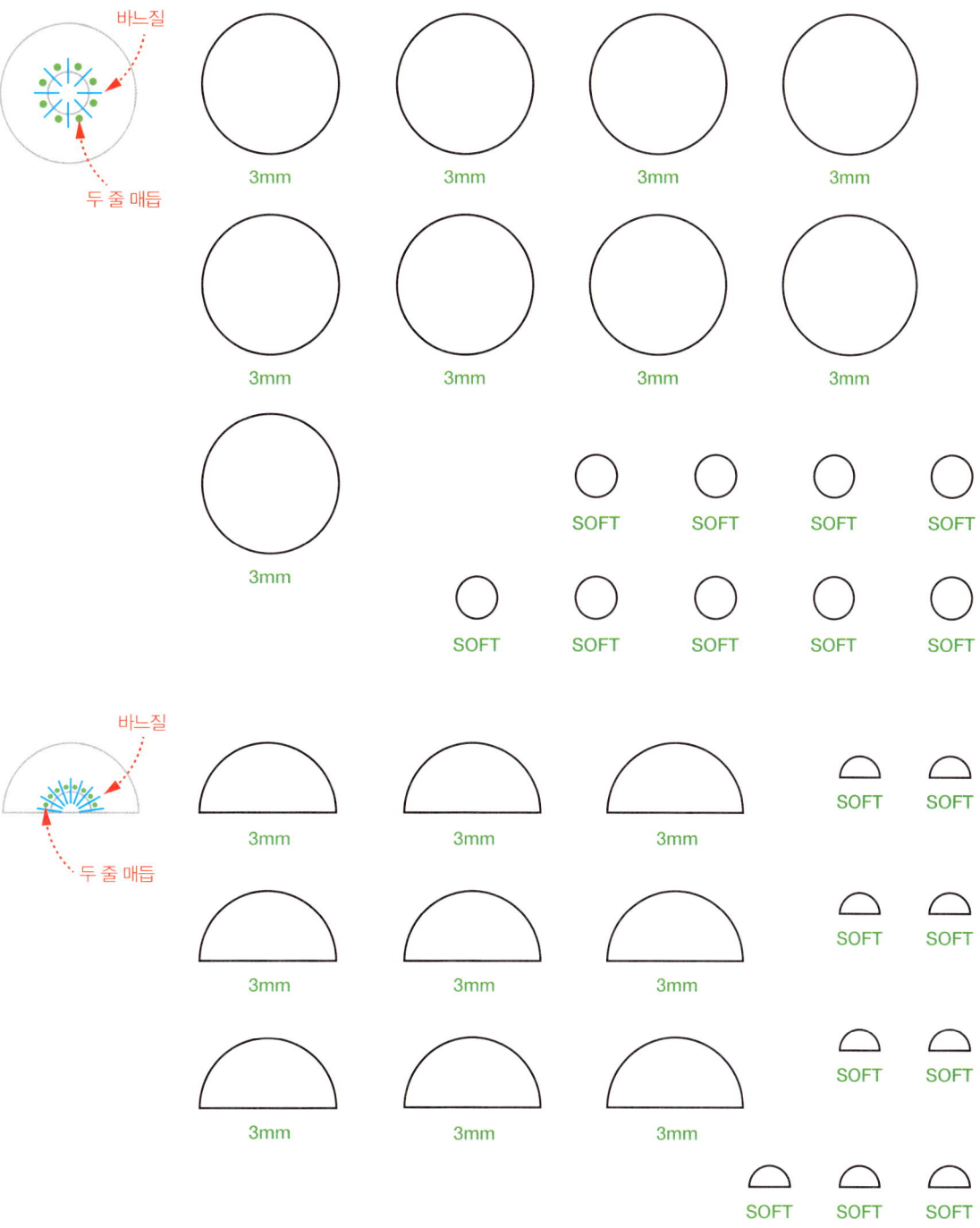

05 바나나

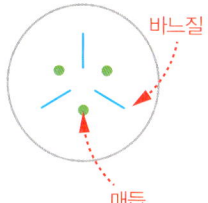 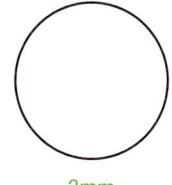 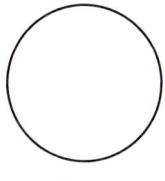 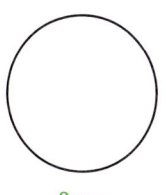

바느질 / 매듭

3mm　　3mm　　3mm

06 오렌지 & 레몬

 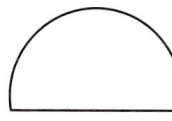 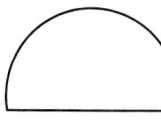 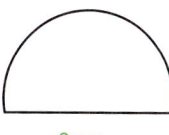 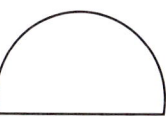

3mm　　3mm　　3mm　　3mm

 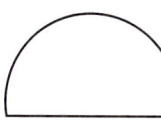  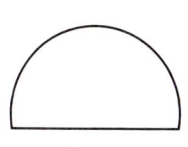

3mm　　3mm　　3mm　　3mm

HARD HARD HARD HARD   HARD HARD HARD HARD   HARD ⟩ 3mm

HARD HARD HARD HARD   HARD HARD HARD HARD   HARD

HARD HARD HARD HARD   HARD HARD HARD HARD   HARD

HARD

HARD HARD HARD HARD   HARD HARD HARD HARD   HARD

HARD

07 슬라이스 사과

08 메론 껍질

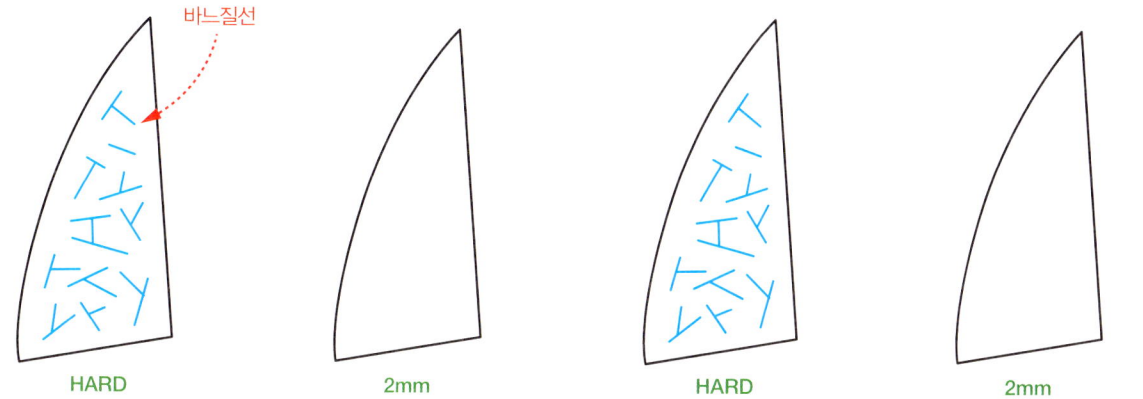

09 슬라이스 메론

3mm
3mm
3mm
3mm
3mm
3mm
3mm
3mm
3mm
3mm
3mm
3mm
3mm
바느질선
4mm
HARD
HARD
HARD
HARD
HARD
HARD
HARD
HARD
HARD
HARD
HARD
HARD
HARD
HARD

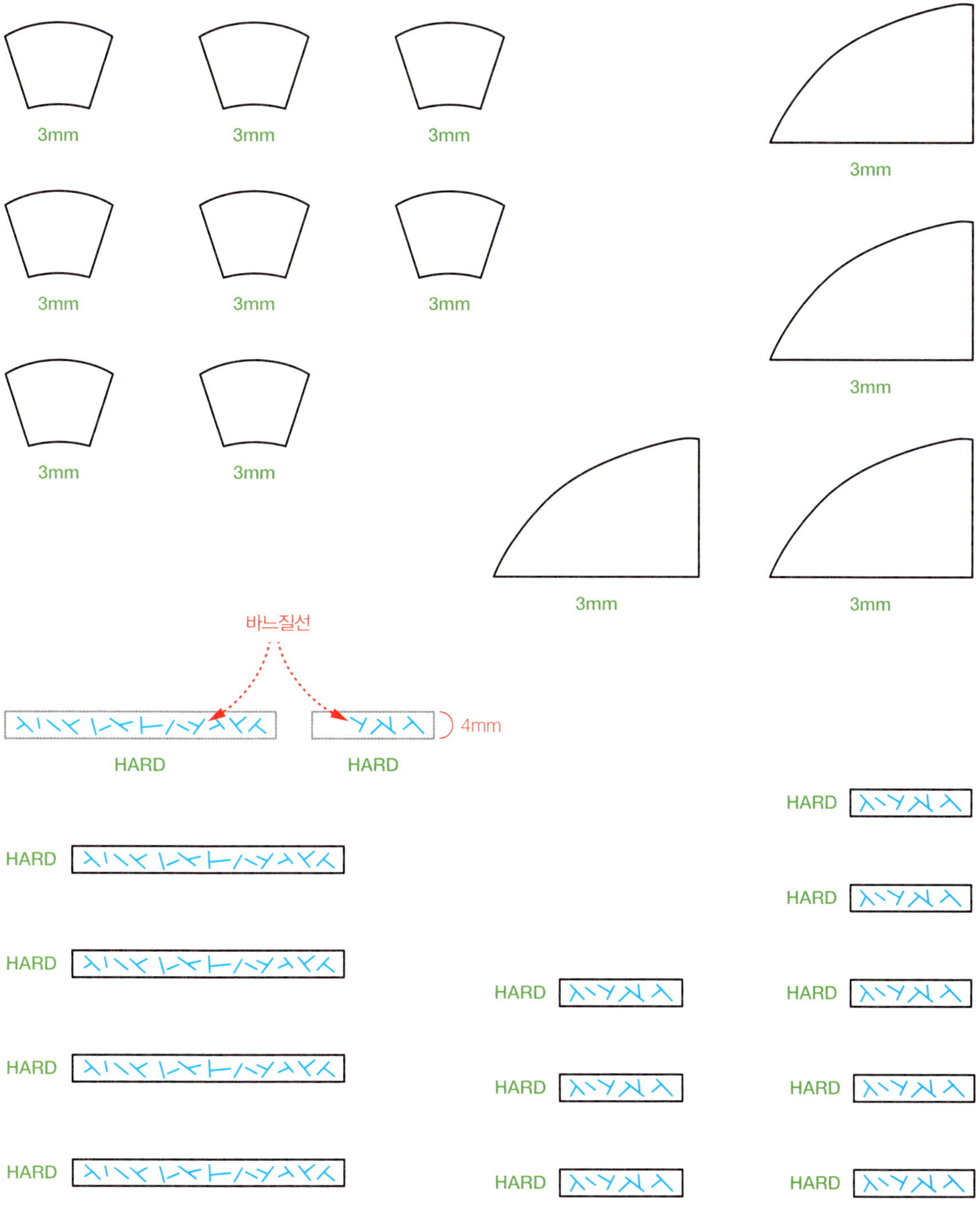

10 굴(굴 하나에 2개씩 필요)

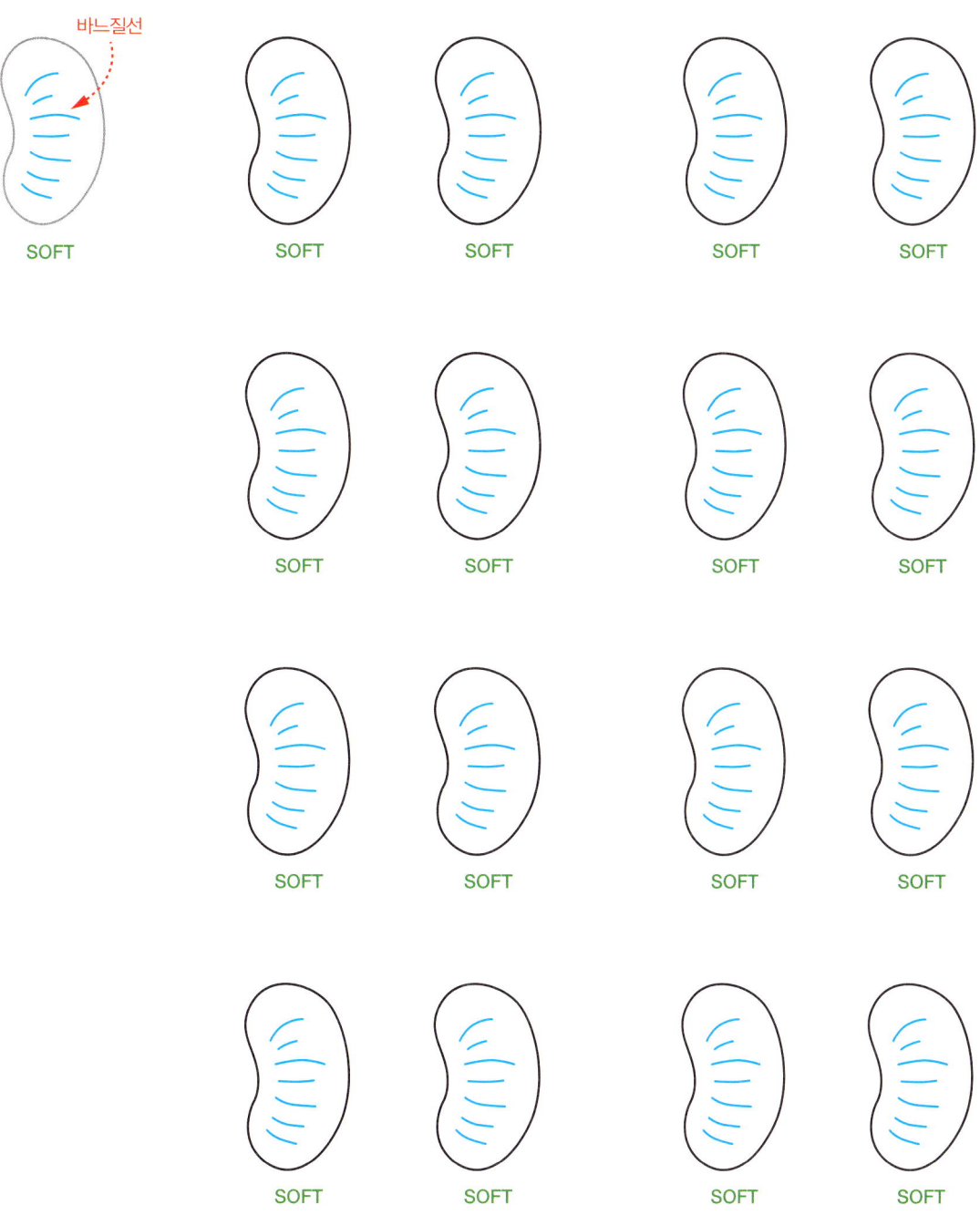

11 체리

12 청포알

13 단호박

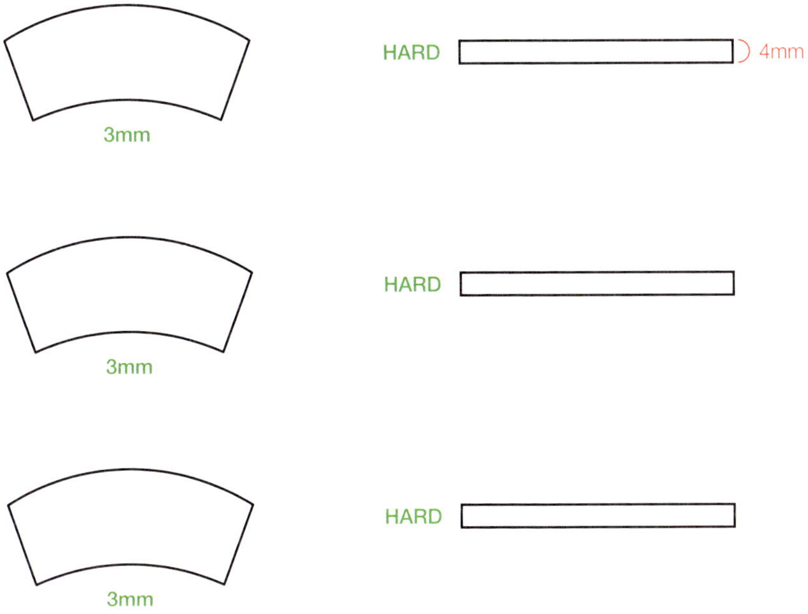

HARD) 4mm

3mm

HARD

3mm

HARD

3mm

14 통아몬드(통 아몬드 하나에 2개씩 필요)

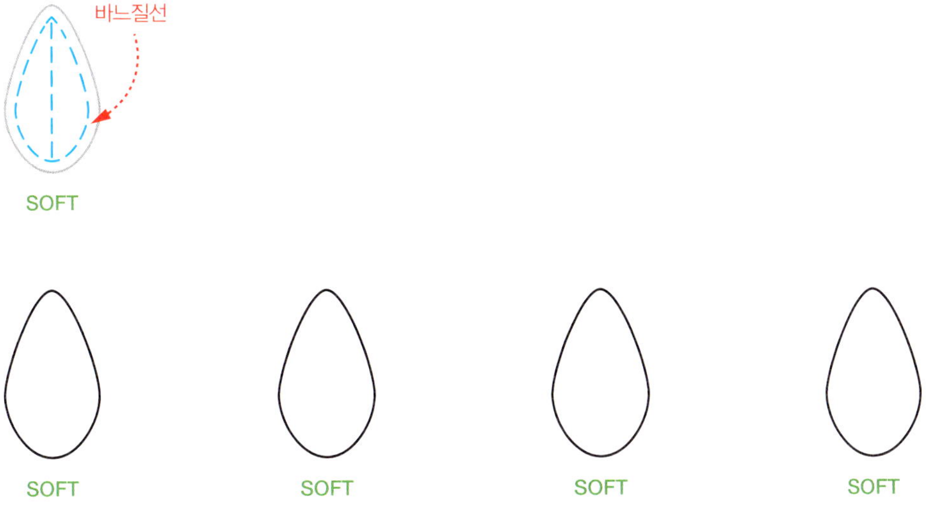

바느질선

SOFT

SOFT   SOFT   SOFT   SOFT

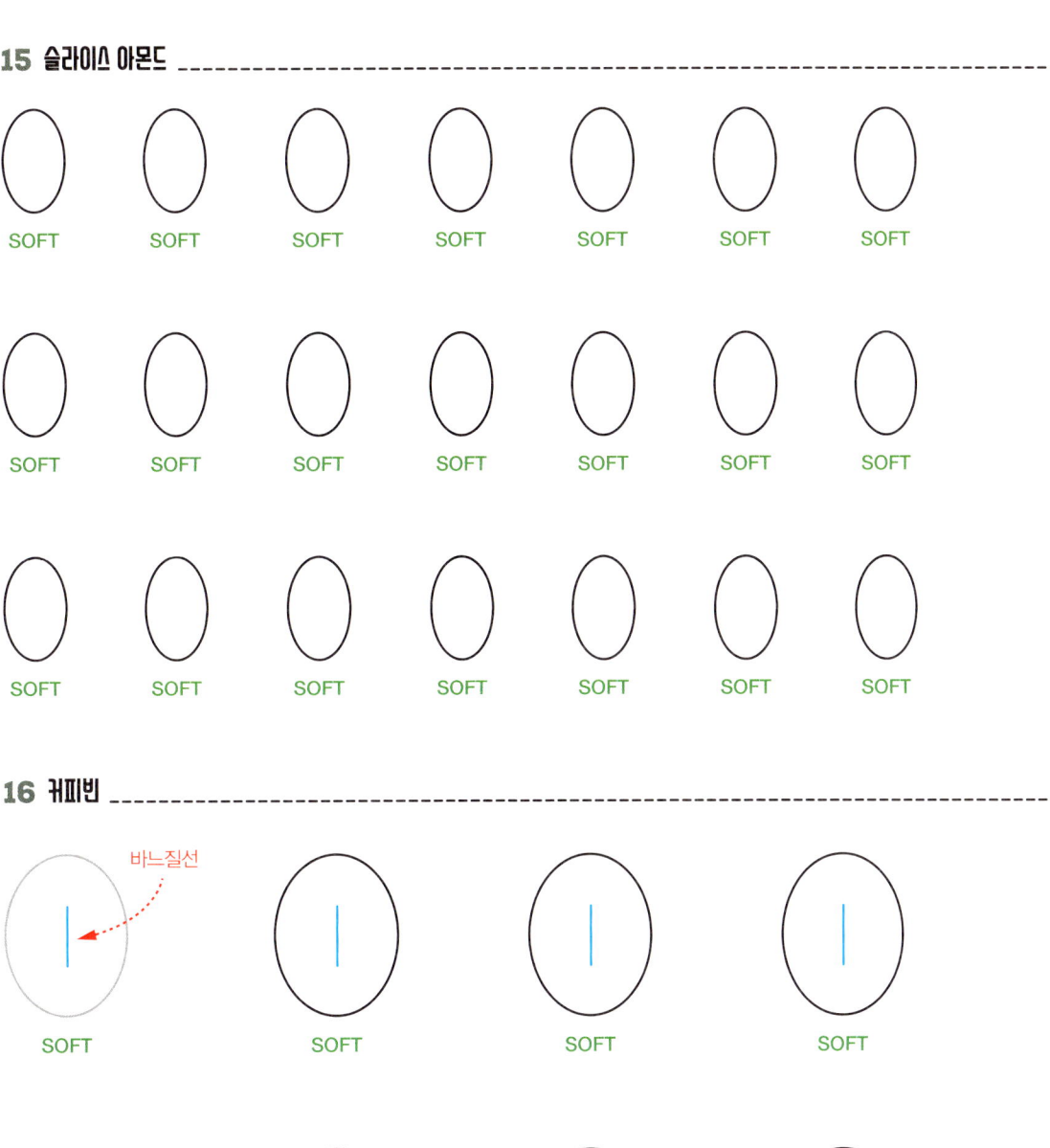

17 초콜릿 스틱

실감기

마는 방향 →

HARD　　　　　　　　　HARD

HARD　　　　　　　　　HARD

HARD　　　　　　　　　HARD

18 장식용 나뭇잎

HARD HARD

HARD HARD

19 기본 생크림(기본 생크림 하나에 12개씩 필요)

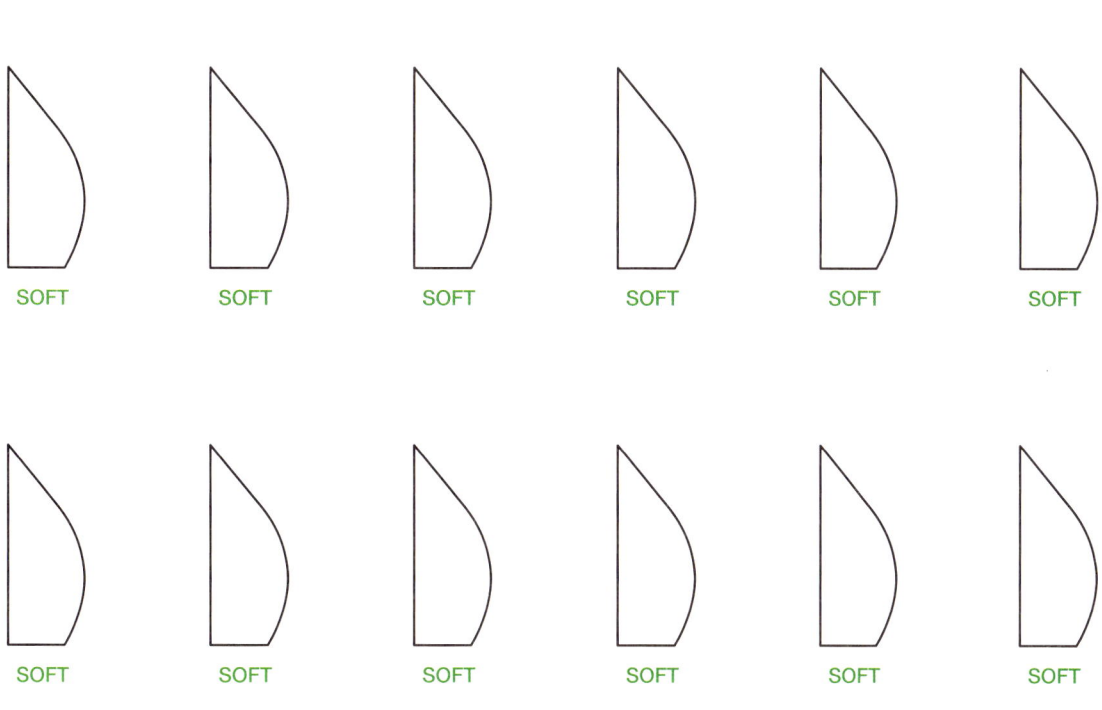

SOFT SOFT SOFT SOFT SOFT SOFT

SOFT SOFT SOFT SOFT SOFT SOFT

20 미니 생크림

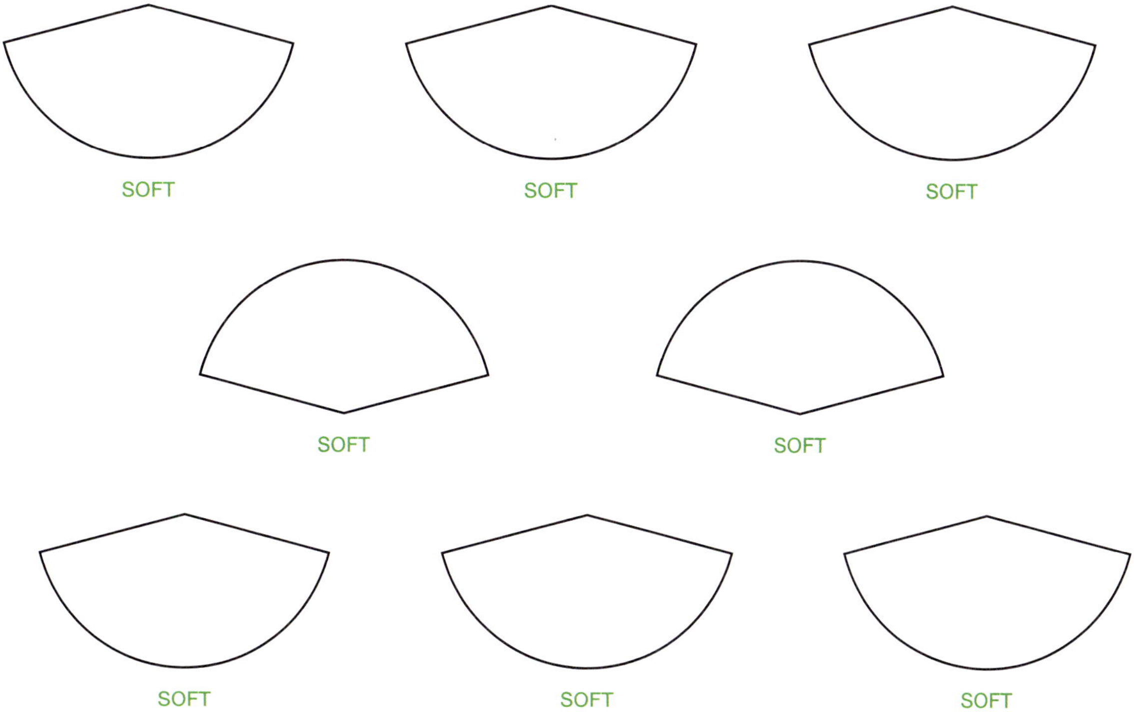

SOFT   SOFT   SOFT

SOFT   SOFT

SOFT   SOFT   SOFT

21 길쭉한 생크림

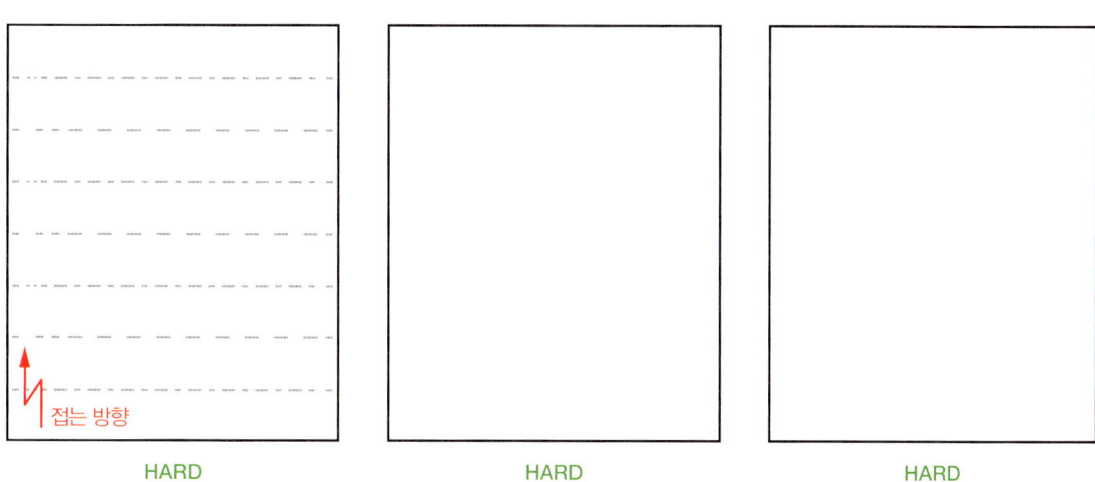

접는 방향

HARD   HARD   HARD

22 동그란 생크림

SOFT

23 쉘 생크림(쉘 생크림 하나에 5개씩 필요)

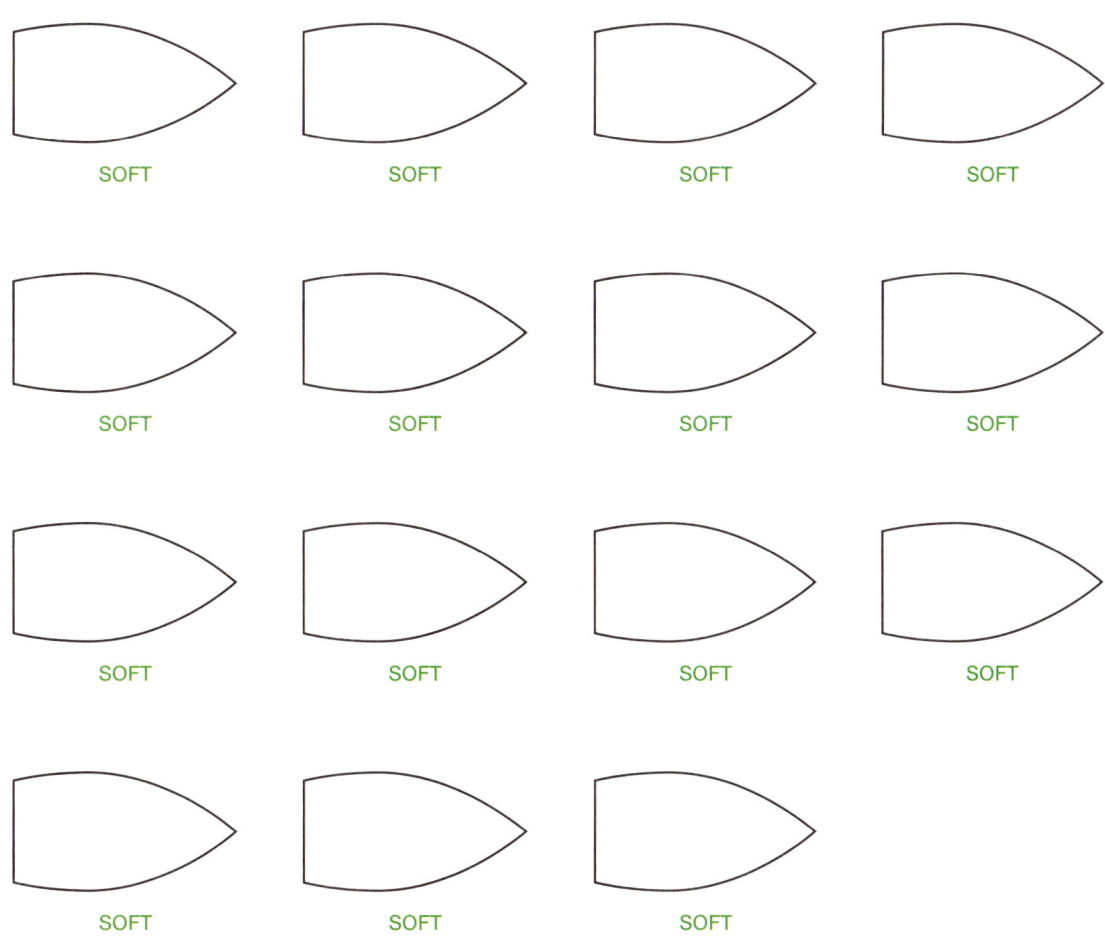

24 심플 초코케이크 옆면 장식 판 초콜릿

2mm   2mm

• **딸기 무스 케이크 OHP 필름**

PART 2

• 펠트 케이크 틀 ①

3mm	3mm 펠트지
2mm	2mm 펠트지
HARD	하드펠트지
SOFT	소프트펠트지

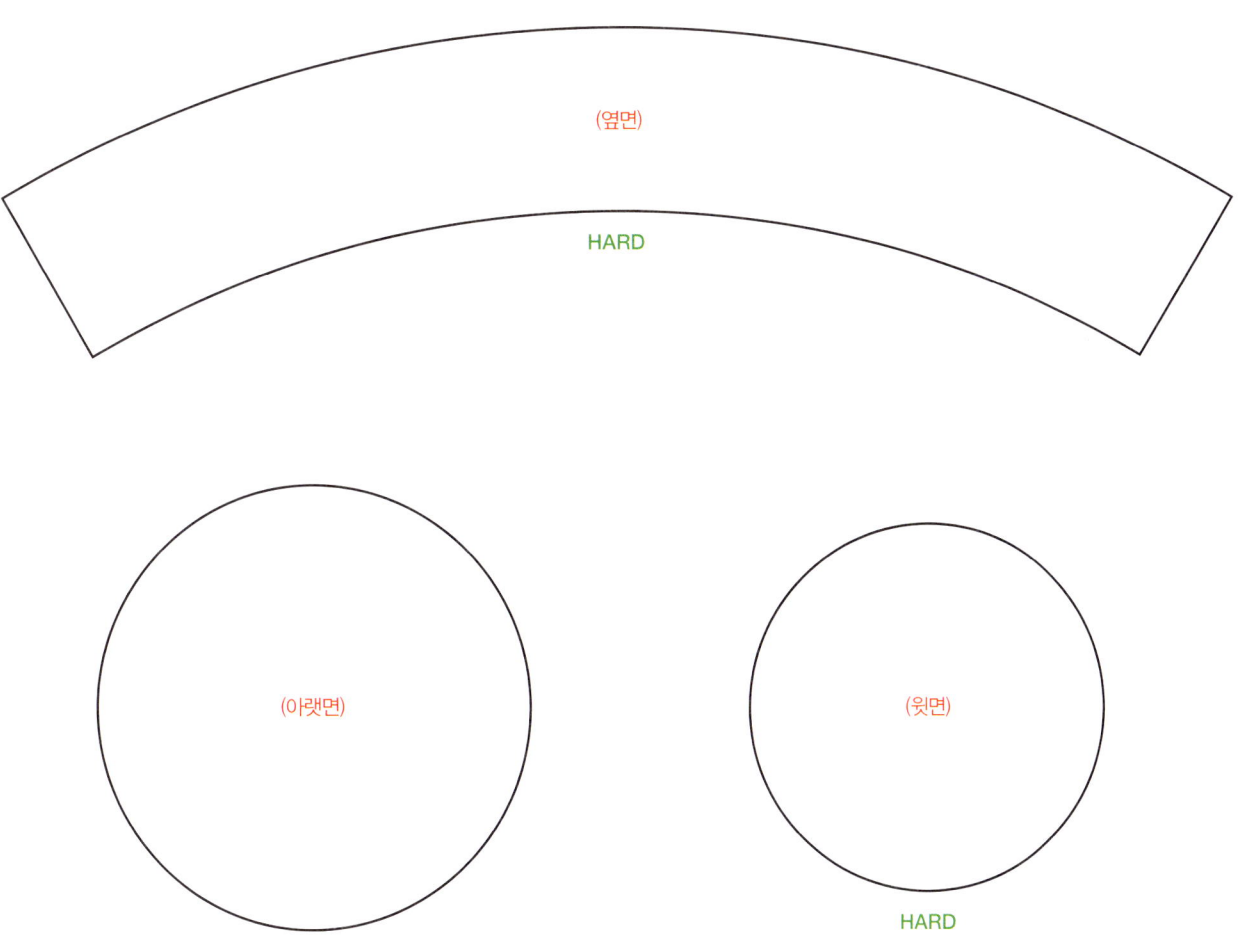

• 펠트 케이크 틀 ②

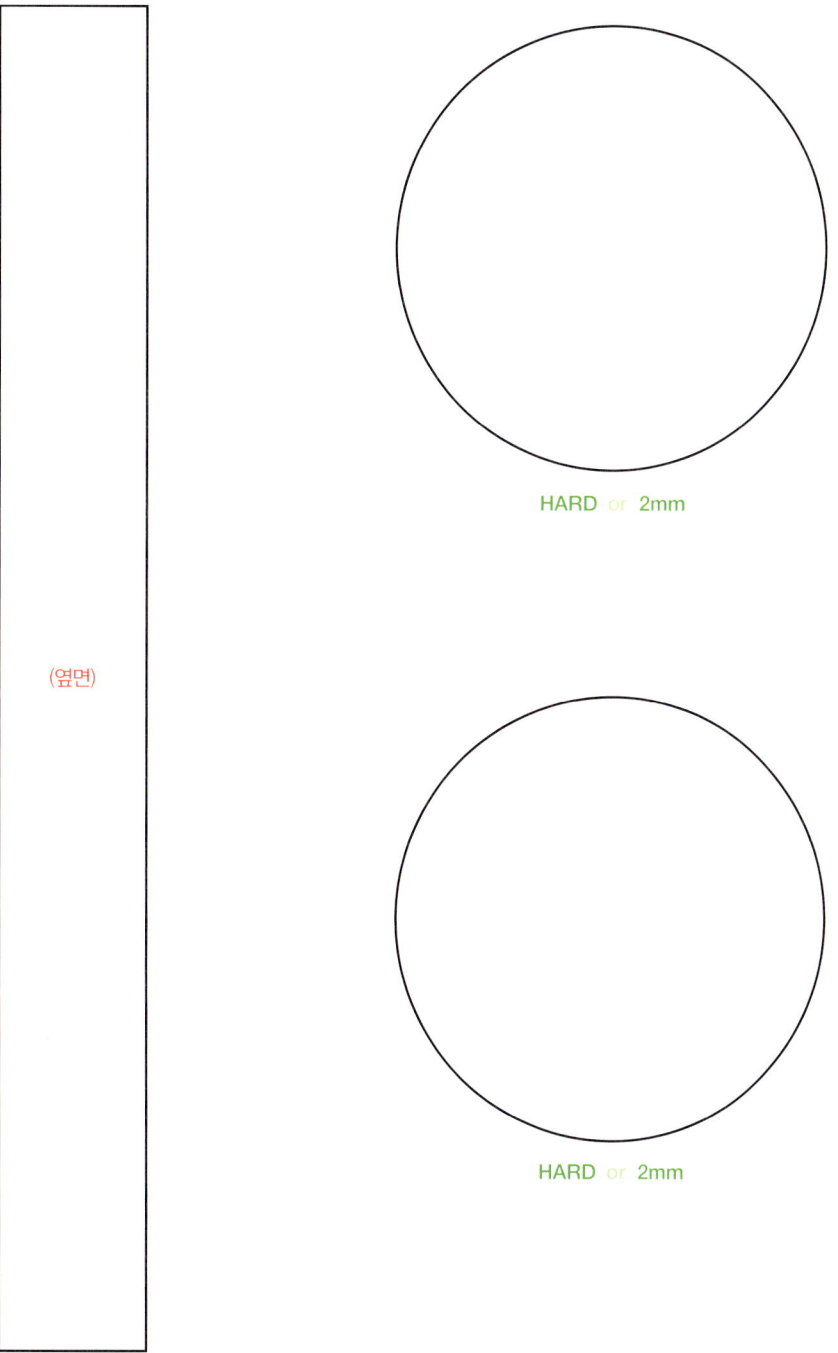

• 크림 크랜베리 케이크 틀 _____

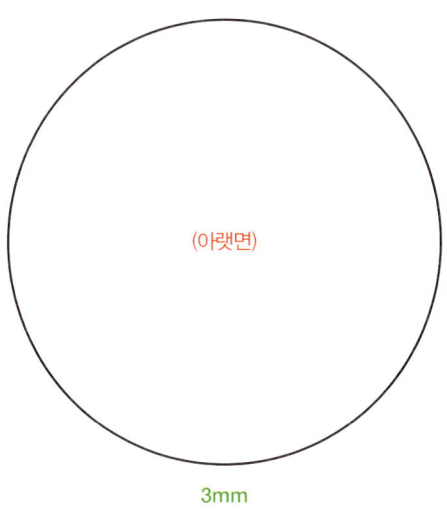
(아랫면)
3mm

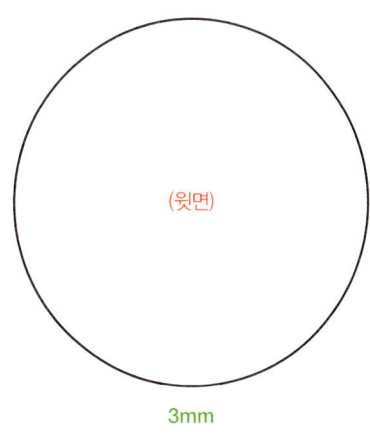
(윗면)
3mm

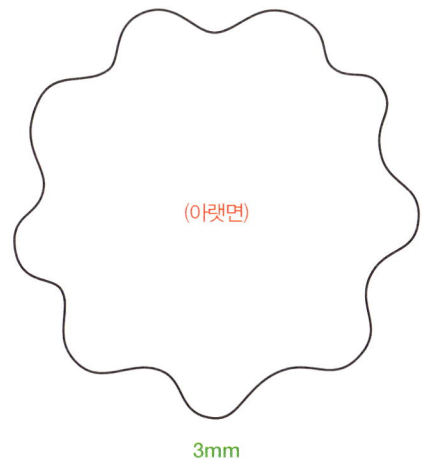
(아랫면)
3mm

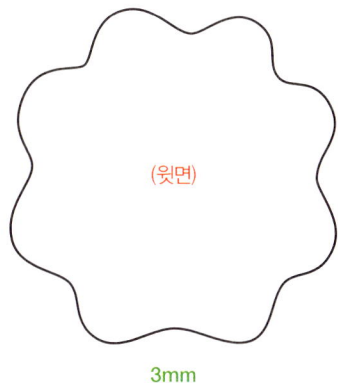
(윗면)
3mm

PART 3

• 조각 케이크 틀

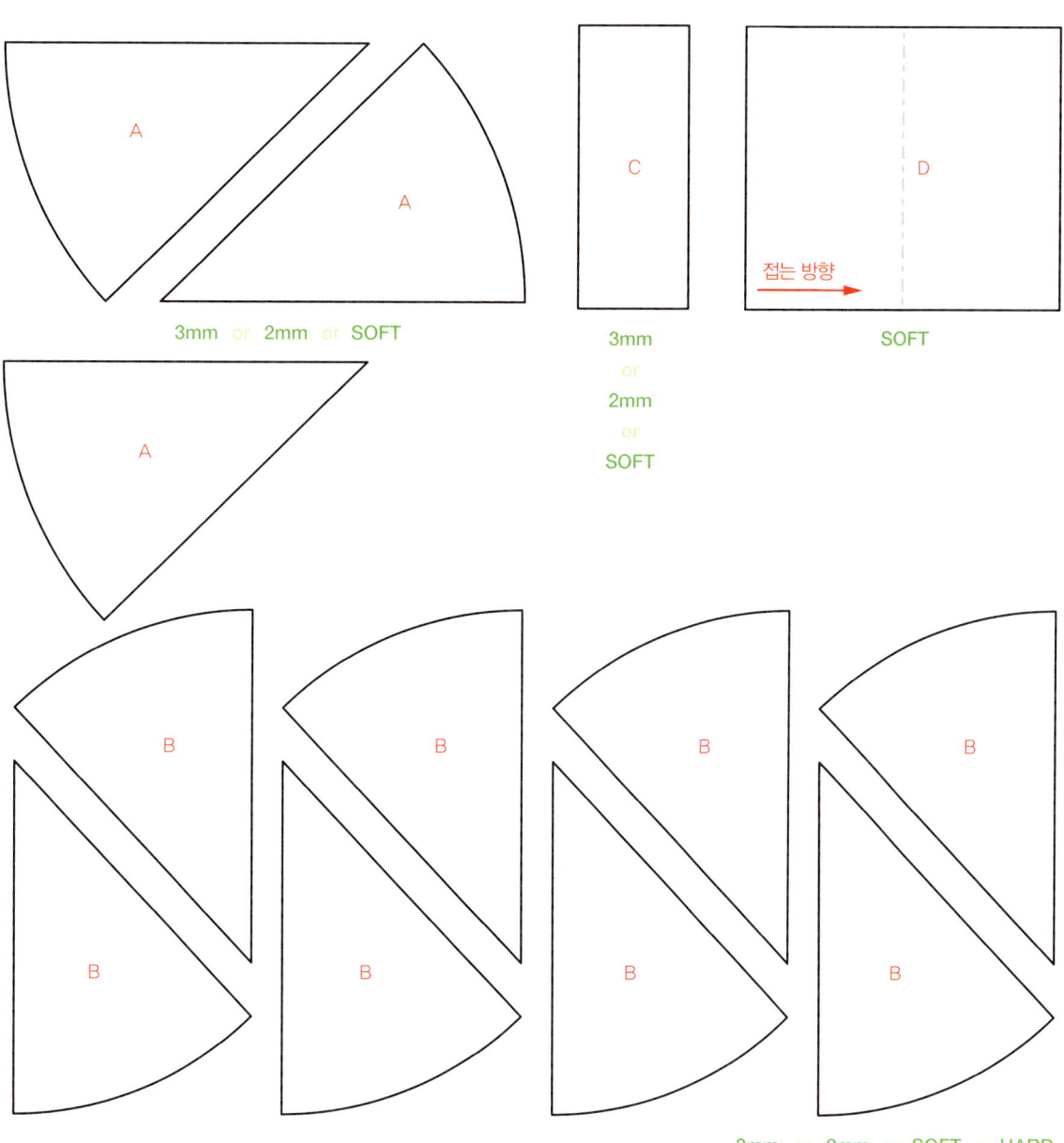

도안 모음 241

PART 4

3mm	3mm 펠트지
2mm	2mm 펠트지
HARD	하드펠트지
SOFT	소프트펠트지

• 타르트 틀

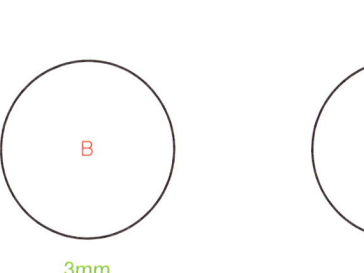

3mm 3mm

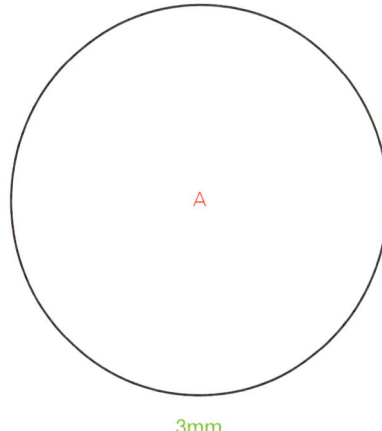

3mm

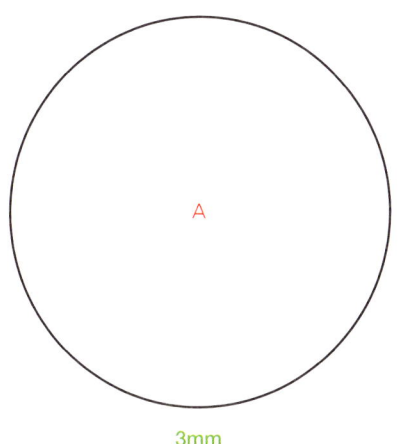

3mm

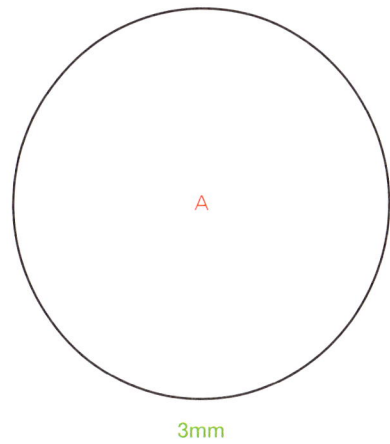

3mm

도안 모음 243

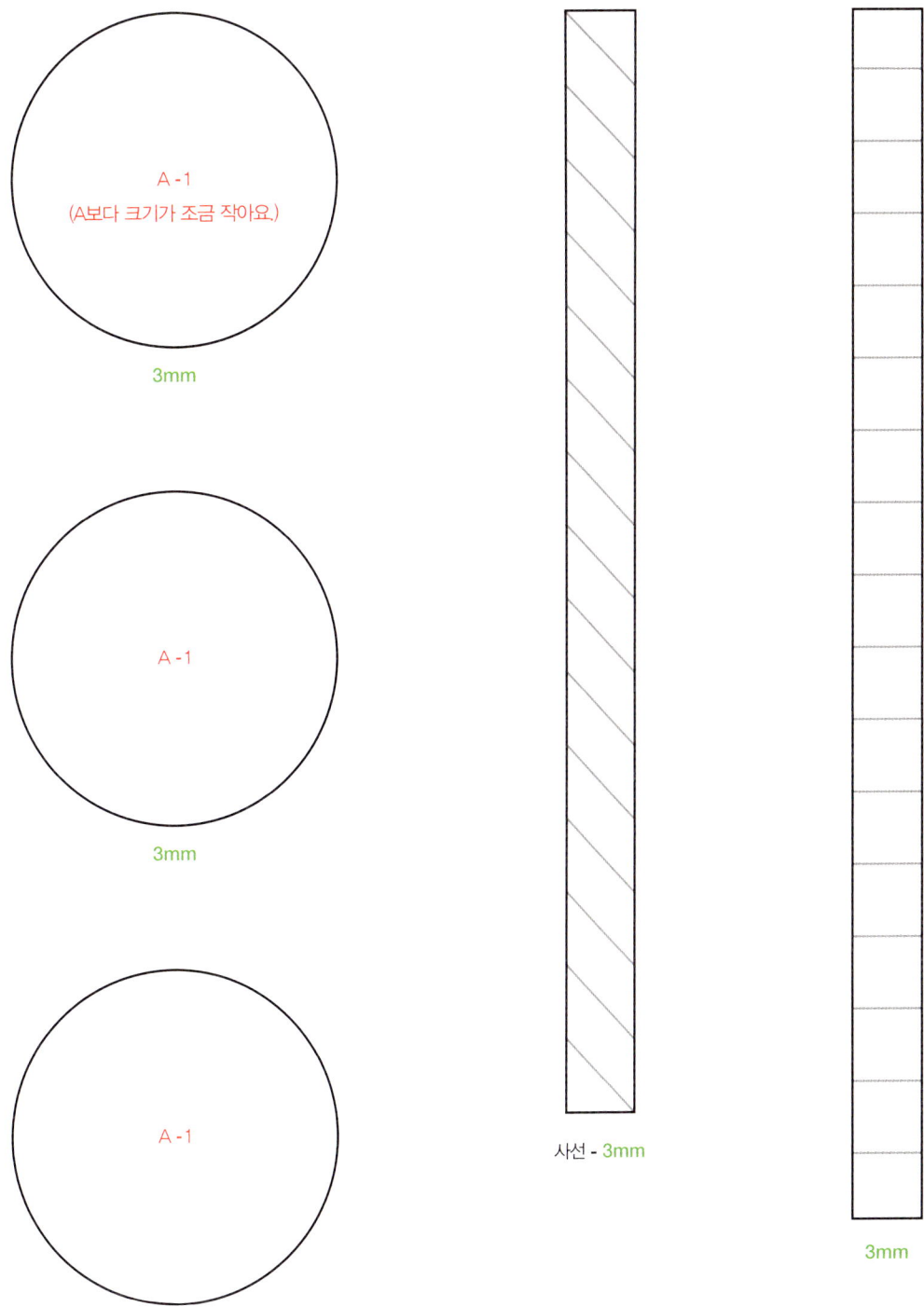

PART 5

• 머핀 틀

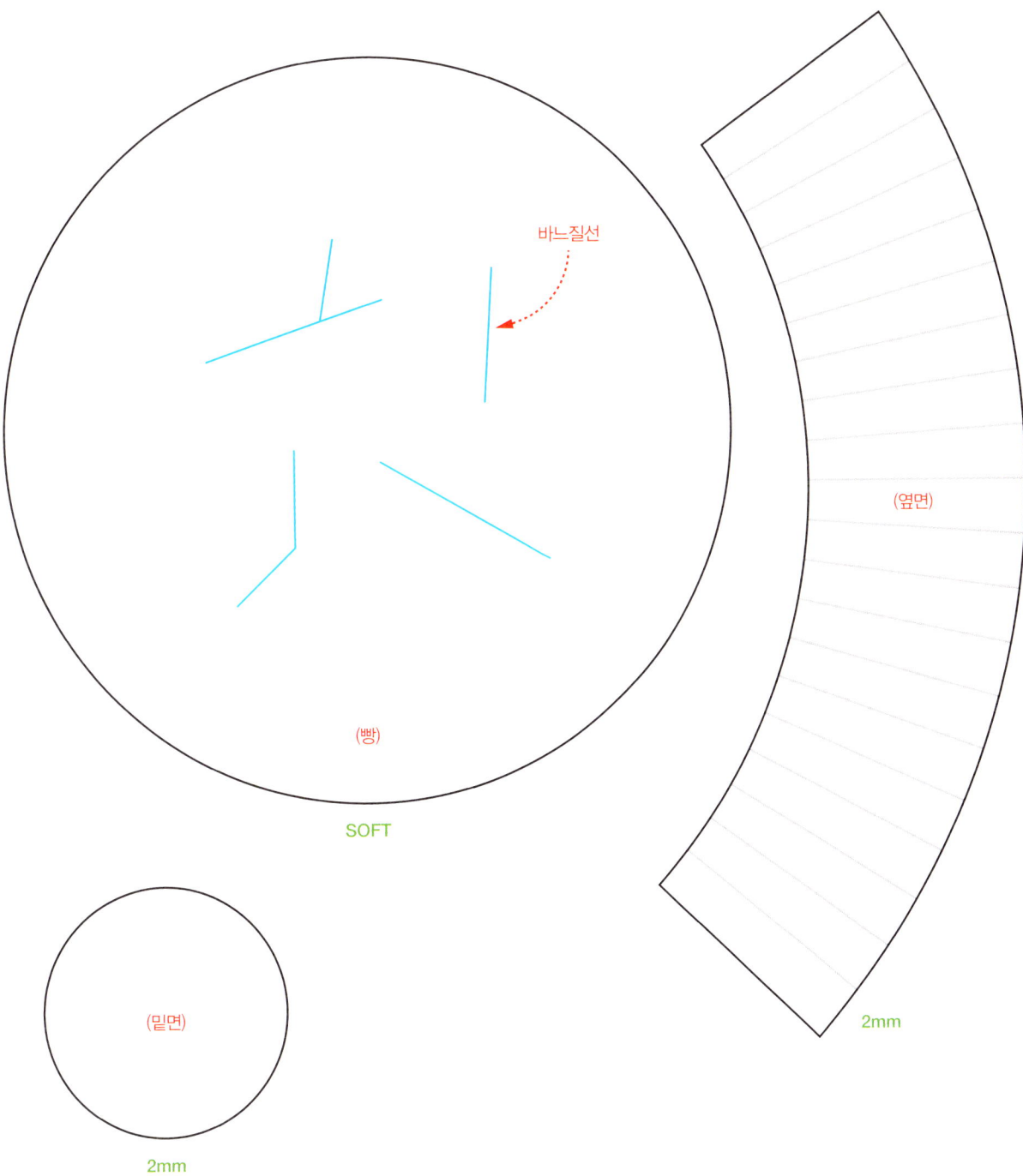